Angelika Hauser

Gott ist anders

Literareon

FSC
www.fsc.org
MIX
Papier aus verantwortungsvollen Quellen
FSC® C083411

Bibliografische Information der Deutschen Nationalbibliothek:
Die Deutsche Nationalbibliothek verzeichnet diese Publikation
in der Deutschen Nationalbibliografie.
Detaillierte bibliografische Daten sind im Internet über
http://dnb.d-nb.de abrufbar.

Titelabbildung: Maja Huhmann

Printed in EU
Literareon im Herbert Utz Verlag GmbH
Tel. 089 – 30 77 96 93 | www.literareon.de

ISBN 978-3-8316-1937-5

Vorwort

Im Jahr 2006 habe ich ein Sabbatjahr gemacht.
In dieser Zeit bin ich von der Haustüre aus den Jakobsweg marschiert, von München über Santiago de Compostela nach Finisterra.
Es ging mir nicht um die sportliche Leistung, vielmehr machte ich mich auf den Weg mit zwei Fragen. Die eine Frage war: Wo ist Gott? Die zweite Frage: Was soll ich mit meinen „sehenden" Händen tun?
Auf beide Fragen bekam ich eine Antwort.
Auf dem Weg sind mir Gott und Jesus begegnet. Mir wurde der Heilige Geist geschenkt und damit war ein Auftrag verbunden: **Menschen ihrem Heil näherzubringen und sie auf ihren Weg zurückzuführen.**

Wieder in München, habe ich trotz meines inneren Wissens versucht, in den mir vertrauten Fußstapfen wieder Fuß zu fassen. Aber Gottes Plan war ein anderer mit mir.

Als Werkzeug Gottes erfülle ich nun schon seit neun Jahren meinen Auftrag. Mit der Hilfe von Gott, von Jesus oder mit den Engeln habe ich vielen Menschen helfen können.
Mir ist es wichtig, zu betonen, nicht ich konnte helfen, Gott ist der Heiler, ich bin nur die Überbringerin. Es ist und bleibt auch ein Wunder für mich selbst, dass ich Gottes Werkzeug sein darf so wie ich bin. Ich staune immer wieder, was Gott mir alles zutraut.

Das Buch, das Sie jetzt in den Händen halten, ist eine der Früchte vom Jakobsweg.

Gott spricht durch dieses Buch ganz persönlich zu Ihnen. Mit „Ich“ ist in diesem Buch immer Gott gemeint.

Dank

Mein größter und innigster Dank gilt Gott für die viele Geduld, die er mit mir hatte, bis ich das Buch in Angriff nahm.

Der zweite Dank geht an Beatrix.
Sie hat das Manuskript gekürzt und die Quintessenzen daraus gezogen.

Der dritte Dank geht an eine Frau, die nicht mit Namen genannt werden möchte.
Sie gab den Startschuss und lehrte mich Disziplin.

Der vierte Dank geht an Frau Maja Huhmann; sie hat das Bild für den Buchumschlag gemalt.

Einleitungsgebet

Gott,

du bist der immer Liebende

der Immerwährende

der Urgrundtiefe

der immer Dagewesene

der nie Endende.

Seit Anbeginn bist du da.

Es gibt eine sehr lange Liebesspur zwischen dir und uns Menschen.

Wir sind alle in dieser Spur.

Ich (Angelika) bitte dich,

dass du alle Menschen, die dieses Buch lesen,

teilhaben lässt an deiner Liebe,

an deinem Wissen,

an deinem Herzen.

Danke sehr, du gütiger, liebender Gott.

Inhaltsverzeichnis

Andacht

Die Andacht kannst du von kleinen Kindern erlernen: Andächtig können sie einen kleinen Käfer beobachten und bestaunen. Sie verlieren und vergessen alles um sich herum. Selbstvergessen und voller Freude konzentrieren sie sich und staunen über das, was sie in diesem Moment erleben.

Andacht kannst du nicht nur in der Kirche beim Gebet erleben. Auch ein neugeborenes Kind, wenn im Frühling die Natur wieder erwacht, oder wenn ein Mensch in Frieden sterben kann, lässt dich andächtig werden.

Andacht kannst du nicht machen, **sie kommt aus deinem Innersten.** Es ist kein Dauerzustand, es ist ein **intensiv gelebter Moment.**

Wenn du mich spürst, wirst du automatisch andächtig. Ich bin dir dann ganz nahe. Du spürst dann hautnah, dass ich da bin.

Andacht ist wie ein innerliches Lächeln. In der Andacht zu sein, ist, als ob die Zeit einen Moment lang stillsteht.

Du siehst, Andacht ist kein verstaubtes Wort.

Übung:

Komm zur Ruhe.

Atme ein und aus.

Lebe ganz im Augenblick. Übe das Staunen.

Angst und Zweifel

Angst und Zweifel sind wie Geschwister. Wo die Angst ist, ist auch der Zweifel. Beides kommt nicht von mir, denn ich wollte eine Welt ohne Angst und Zweifel.

Die Angst ist in eurem Gefühl und der Zweifel in eurem Geist beheimatet.

Du kannst die Angst austricksen, indem du sie ignorierst oder überspielst.

Du kannst die Zweifel mit Sport, Fernsehen, mit allem Möglichen zudecken. **Das alles hilft dir nur kurz.**

Als Kern der Angst und des Zweifels kannst du dir ein verlorenes, verlassenes Kind vorstellen. Dieser Kern ist in allen Menschen, mit Ausnahme der „neuen Kinder“. Die Ängste dieser Kinder sind natürliche, schützende Ängste, die ihnen helfen, Sicherheit im Leben zu finden.

Angst und Zweifel kannst du nicht mit Gewalt durchbrechen.

Übung:

Nimm die Angst in deine Arme. Rede mit deiner Angst, schau sie an, stell ihr Fragen, hör ihr zu. So erkennst du, was dich genau ängstigt.

Lass Angst und Zweifel zu, laufe nicht weg vor ihnen. Ich bin da mit meiner Liebe und gebe dir Sicherheit und Geborgenheit.

Komme zu mir mit deiner Angst und deinem Zweifel. Du bist nicht allein. Ich halte dir meine Hand hin und will dich aus dem Gefängnis von Angst und Zweifel befreien.

Ich gebe dem verlassenen Kind in dir ein Licht in die Hand. Mit diesem Licht wird das Dunkel der Angst vertrieben.

P.S.: Zu „neue Kinder" siehe auch Wiedergeburt.

Abdruck auf der Seele

Du kannst Abdrücke aus einem früheren Leben, von den Eltern oder von fehlender Liebe haben.

Ein Abdruck ist etwas Schmerzhaftes. Er ist ein Hindernis. Du spürst etwas Schweres in dir, Gewicht, das auf dir lastet. Du kommst nicht weiter, es ist mühsam, du fühlst dich wie gelähmt. So, wie wenn du eine hohe Mauer oder einen steilen Berg erklimmen musst. Oder als ob du einen Fluss ohne Brücke überqueren sollst.

Verwechsle den Abdruck nicht mit dem Schatten.

Ich mache keinen Ab-Druck in dir. Ich möchte dich frei, glücklich und zufrieden sehen.

Übung:

Halte mir das Schwere, das dich drückt, hin. Bitte mich nun, dir zu helfen. Du sollst mich darum bitten, ich kann es nicht einfach tun.

Gib mir deine Hand und ich gebe dir das „Werkzeug", um den Abdruck wegzuwischen. **Meine Hand führt deine Hand.** Komm, wir wischen den Abdruck gemeinsam weg.

Barmherzigkeit

Barmherzigkeit ist ein Wort, das im alltäglichen Sprachgebrauch selten vorkommt.
Ich bin barmherzig, weil ich voller Liebe und Güte bin. Ich schaue dich liebend an. Du bist meine große Liebe. Meine barmherzige Liebe gibt dir Halt, Sicherheit und Geborgenheit.

Du bist barmherzig, wenn du deinen Mitmenschen zugewandt bist, sie anschaust, wenn du für sie offen bist. Wenn deine „Herzensohren" weit geöffnet sind und du ihnen die Hände reichst. Du bist barmherzig, wenn du Menschen eine Chance gibst, wenn du ihnen wohlwollend begegnest.
Gelingt es dir, die Menschen so anzuschauen wie ich sie anschauen würde, dann ist das die gelebte Barmherzigkeit.
Lasse zu, dass die Barmherzigkeit durch dich spricht und lebt. Dass dein Herz barmherzig wird, ein lebendiges und mitfühlendes Herz.
Lasse zu, dass ich durch dein Herz den Menschen begegne, dass ich durch dein Herz den Menschen anschaue mit meiner großen Liebe.

Du siehst, Barmherzigkeit ist nicht out, sie ist in. Sie ist nicht nur für Heilige, sondern auch für dich. Durch eine barmherzige Lebensweise kommt Frieden in die Welt. Sie ist ein Geschenk für dich und deine Mitmenschen. Hab Mut!

Übung:

Zünde eine Kerze an und schaue in die Flamme. So wie diese Flamme ist, so ist meine barmherzige Liebe, das Licht der Liebe. Nimm dieses barmherzige Licht in deinem Herzen wahr. Lass dich davon erwärmen.

Sprich das Wort „Barmherzigkeit" aus, wiederhole es immer wieder. So kommst du mir, Jesus, Maria und den Engeln ganz nahe, hautnahe.

Mache folgende Geste: Lege deine Hände auf dein Herz, lass sie mit meiner barmherzigen Liebe füllen und verteile sie an die Welt:

◊ indem du den Weinenden die Tränen trocknest,
◊ indem du mit den Hungernden dein Brot teilst
◊ usw.

Beten

Ein Gebet ist ein Zwiegespräch mit mir oder mit Jesus.

Du brauchst keine besonderen Worte zu wählen, rede mit mir oder mit Jesus so, wie du mit einem guten Freund redest, so wie dir „der Schnabel“ gewachsen ist.

Jedes Wort, das du an mich richtest, ist mir wichtig. Ob du ein Gebet liest oder ob du frei betest, **ich höre dir immer zu.**

Im Gebet **„Vater unser“** (oder **„unser Vater“**) ist alles enthalten. Es ist mein Lieblingsgebet.

Es ist nicht wichtig, ob du dabei sitzt, liegst, läufst oder kniest. Es ist auch nicht relevant, **wo** du das Gespräch mit mir suchst, ob in einer Kirche, zu Hause, am Arbeitsplatz oder in der Natur. Gebete, die im Freien entstehen, entfalten eine besondere Kraft, da ich in der Natur speziell präsent bin.

Ich bin in allem, was lebt, was Atem hat.

Übung:

Sei dir bewusst, dass ich ein „lebendiges“ Gegenüber bin, mit dem du über alles reden kannst. Nichts ist mir fremd.

Du kannst auch ganz einfach mehrmals am Tag nur meinen Namen nennen (Gott, Gott, Gott) oder den Namen von Jesus (Jesus, Jesus, Jesus). Dann sind wir schon in Kontakt. Du wirst erleben, was dieses „einfache“ Gebet in dir bewirkt.

Meditiere das Gebet „Vater unser“.

Dankbarkeit

Wenn du dankbar bist, ist das wie ein Echo in meinem Herzen.

Vom Erwachen am Morgen bis zum Einschlafen am Abend gibt es pausenlos etwas, wofür du dankbar sein darfst und wofür du dankbar sein kannst.

Bei kleinen Kindern äußert sich Dankbarkeit in purer Freude. Erst ab einem gewissen Alter ist es möglich, bewusst dankbar für etwas zu sein.

Dankbarkeit öffnet dein Herz.

Allein schon das Wort „danke“ öffnet nicht nur das Herz, es bewirkt auch etwas Gutes bei deinem Gegenüber. Bei mir genauso wie bei dir.

Die Dankbarkeit überwindet Mauern, ihr sind keine Grenzen gesetzt.

Deine Dankbarkeit kann mich zu Tränen rühren, sie macht mich ganz weich und empfänglich für deine Bitten.

Ich empfinde Freude und gleichzeitig auch Trauer, wenn du mir dankst. Die Traurigkeit rührt daher, dass ich die Situation auf der Erde bedaure.

Auch ich bin jeden Tag aufs Neue dankbar für jeden einzelnen Menschen. Ich werde erst durch den Menschen zu dem, was ich bin, die allmächtige Liebe.

Dieser Dank, der von mir zu dir kommt, bewirkt jeden Tag

aufs Neue ein Lächeln auf deiner Seele, er dehnt dein Herz und macht es weit.

Übung:

Versuche ganz bewusst, „danke“ zu sagen, „danke“ zu hören, auf das Danken zu achten. Mit dem Danken kommt etwas in dir in Bewegung. Spüre dieser Bewegung nach, lass sie in dir schwingen.

Anregung:

Eigentlich müsste es ein Unterrichtsfach in der Schule über Dankbarkeit geben. Damit von klein auf dieses Bewusstsein geschult wird.

Dein Herz

Ich habe dir ein lebendiges, weites und weiches Herz geschenkt. Es ist das Schaltzentrum der Gefühle. Ich möchte dir Mut machen, deinem Herzen zu folgen, dein Herz zu fühlen, zu deinem Herzen zu stehen, „herzensecht“ zu sein.

Dein Herz fühlt genauso wie mein Herz. Doch mein Herz ist riesengroß, ein Ort des Heils und der Liebe. In meinem Herzen sind all die verstorbenen Menschen, da ist auch all das Schwere, das ich dir und den Menschen abgenommen habe.

Viele Menschen tragen Verletzungen am Herzen.

Ich **interessiere** mich für dein Herz. Es ist mir wichtiger als der Verstand.

Das menschliche Herz ist ein Ort der Weisheit, da lebt mein Funke.

Es ist eine hohe Kunst, aus dem Herzen heraus zu leben. Bauch, Herz und Geist zu vereinen. Gefühl, Intuition und Verstand zusammenzubringen.

Es gehört Mut dazu, sich auf den Weg zum eigenen Herzen zu machen. Es ist nicht nur der Zugang zum Göttlichen, sondern auch ein Ort der Ängste, der Verletzungen, des Schmerzes. Wäre da nur Leichtes und Schönes, würdest du den Zugang einfacher finden.

Übung:

Nimm dir Zeit und bitte mich, dich zu deinem Herzen zu führen.

So will ich dich an der Hand nehmen und dich durch das Labyrinth der Ängste, der Verletzungen und des Schmerzes zu deinem Herzen begleiten.

Lass dich nicht ablenken und verwirren. Gib mir vertrauensvoll deine Hand. Lass los und lass zu, dass ich dich führe. Dass ich dich stütze, dir Mut mache, dir Selbstvertrauen schenke. Ich lasse dich nicht allein, wenn wir in deinem Herzen angekommen sind.

Der Lebensweg

Durch den freien Willen wurde mein ganz persönlicher Lebensplan für dich durchkreuzt.

Ich respektiere deinen Weg und alle deine Entscheidungen.

Trotzdem konnte ich den Wunsch nicht loslassen, dass du dich trotz deines freien Willens immer wieder neu von mir ausrichten lässt und dich zurückführen lässt auf deinen göttlichen Weg.

Mach dich mit kindlichem, unschuldigem und wachem Gemüt auf den Weg. Ich begleite dich ganz behutsam, mit viel Liebe und Geduld auf deinem Weg.

Sei gewiss, ich halte auch auf deinen Umwegen meine schützende Hand über dich, unter dich und um dich herum.

Das Ziel deines Lebens ist, wenn du am Lebensende sagen kannst, ich hatte ein **erfülltes und zufriedenes** Leben.

Viele Etappen sollen dich dem wahren Ziel immer wieder näher bringen. Mache dich voll Vertrauen auf den Weg. Erwarte nichts spektakuläres, das nächste Etappenziel kann ganz klein und unscheinbar sein.

Übung:

Suche die Ruhe, konzentriere dich, erde dich und du wirst den nächsten Schritt erspüren. Mach dich auf den Weg.

Dunkelheit

Die **heilsame** Dunkelheit, die Nacht, habe ich gemacht, damit du zur Ruhe kommen kannst.
Da fallen die vielen Eindrücke weg. Ich will dich von der Reizüberflutung in die Ruhe und Stille führen. Damit du getrost die Augen schließen kannst, weil du nichts versäumst. Jetzt kannst du ausruhen und auftanken. In dieser wohltuenden Dunkelheit wirst du nicht mehr abgelenkt.

Die **bedrohliche** Dunkelheit kommt nicht von mir. Sie frisst dich auf und ist schmerzhaft. Sie verunsichert dich, beengt dich und macht dir Angst. Du bist wie gelähmt, fühlst dich verlassen und bedroht, findest den Weg nicht, weder eine Türe noch einen Lichtschalter.

Ich bin auch in dieser Dunkelheit. Ich halte deine Hand. Ich helfe dir, dass du einen Lichtschalter und eine Türe findest.

Bist du bereit dazu, dass ich dich an der Hand nehme und wir ein paar Schritte im Dunkeln gehen?
Bist du bereit dazu, dass ich dich auch in der Dunkelheit hin zum Licht, hin zur Türe begleite?

Diese Schritte im Dunkeln sind wichtig für dein Leben, damit du spüren kannst, dass du nicht alleine bist, dass ich da bin, dass ich dich führe.
Ich mute dir viel zu.

Ich nutze die Dunkelheit meines Gegenspielers, um dir dein Licht noch spürbarer und sichtbarer zu machen. Denn wenn du

nach dieser Dunkelheit wieder ans Licht kommst, ist das Licht wertvoller und intensiver erlebbar und spürbar.
Du kommst gestärkt, reifer und weiser aus dieser Dunkelheit hervor.

Ich bin da! Hab keine Angst vor der Dunkelheit. Rufe mich, lass zu, dass ich dich an der Hand nehme und dich begleite.

Engel

Engel sind meine Boten und Helfer, die mich unterstützen. Sie zeigen, dass ich da bin.
Sie sind auf ganz unterschiedliche Art und Weise tätig. Ohne Engel würde es in der Welt dunkler aussehen. Sie bringen und verteilen mein göttliches Licht. Sie sind auch Überbringer einer Nachricht und vermitteln Schutz, Geborgenheit und Sicherheit. Jeder Mensch hat einen oder auch mehrere ganz persönliche Schutzengel.

Alle Menschen waren einmal Engel. Du trägst noch einen Restbestand, einen kleinen Flügelansatz auf der rechten Seite. Der andere ist verkümmert.
Die Engelsenergie, das Leichte und Helle, hast du noch in dir. Durch diese Energie kannst du den „Blick von oben“ anwenden. Du kannst eine Situation von oben, von einer anderen Perspektive aus betrachten. Das ist die Engelsebene.
Du trägst das Göttliche, das Himmlische, die Engelsenergie in dir.

Übung:

Sei dir bewusst, dass du ein Engel warst und bist. Dass du auch heute noch ein Himmelsbote sein kannst für die Menschen um dich.

Farben

Ich wünsche dir von Herzen ein farbenfrohes, lebendiges Leben, in dem ich mittendrin sein darf.

Ich liebe Farben, ich mag es bunt. Meine Lieblingsfarbe ist gelb. Mit den Farben möchte ich dir Freude schenken. Damit zeige ich dir meine Liebe, meine Schönheit, meine Lebendigkeit und die Weite des Lebens.

Schau dir die Natur an: Das Farbenspiel von Frühling, Sommer, Herbst und Winter. Wie sich die Farben verändern. Ist die Farbenpracht nicht wunderschön? Genau so will ich es für dein Leben.

Farben können und wollen in dir wirken. Sie werden dich ganz und heil machen. Wenn dir plötzlich bewusst wird, dass dir zum Beispiel blau gut tut, dann umgib dich mit dieser Farbe.
Blau ist die Farbe des Erzengels Michael. So nimmst du automatisch Kontakt zu ihm auf. Jeder Erzengel hat eine Farbe.

Auch ich bin bunt. In den Regenbogenfarben sende ich mich, meine Liebe, mein Licht, mein Heil, meine Freude, meine Geborgenheit und meine Sicherheit auf die Erde.

Durchlebe alle Farben in deinem Leben, auch schwarz und weiß.
Sei farbenfroh und bunt, lebe und erobere dir eine bunte Welt.
Lass Farben in dein Innerstes, lass dich berühren.
Jeder Mensch hat eine Farbe, die ihm gut tut. So sind auch die Heilfarben ganz unterschiedlich.
Jedes Organ braucht eine andere Farbe.

Übung:

Stelle dir deine Lieblingsfarbe vor, wie sie dich umschmeichelt und in dich hineinfließt. Sprich dann laut, z.B. „Ich bin blau, in mir fließt blau“. Mach es genauso mit den anderen Farben.

Lass das Schwarz-weiß-Denken los.

Du spürst, was dir gut tut. Welche Farbe z.B. dein Magen, deine Leber braucht. Höre in dich hinein und übe. Hab Vertrauen, nicht denken, sondern hören ist gefragt. Du wirst die Antwort erleben.

Feind

Schon beim Aussprechen dieses Wortes wird es eng in dir. Dein Denken wird eng und klein. Da werden starke Kräfte mobilisiert, du musst kämpfen und dich verteidigen.
Der Feind ist der Widersacher. Er will dir etwas Böses. Durch ihn kommt Hass und Wut in die Welt.
Ohne Feind wäre Frieden. Alle wollen Frieden und trotzdem gibt es Feinde und Kriege.
Feindschaft fängt im Kopf an. Es gibt keinen Feind. Er wird gemacht. Ohne Feindbild gibt es keinen Krieg.
Auch in der göttlichen Welt gibt es den Widersacher. Für mich ist der Widersacher aber nicht mein Feind. Für mich ist der Widersacher eine **Herausforderung.**

Schon bei den ersten Menschen habe ich die Schlacht verloren. Durch meine Großzügigkeit mit dem freien Willen und durch das Geschenk der Freiheit war schon die Möglichkeit gegeben für den Widersacher. Er ist das Gegenteil von Liebe.

In dir gibt es auch **Feindeigenschaften,** die es zu bekämpfen gibt. Zum Beispiel ist die Sucht ein innerer Feind. Es gelingt ihm, dir die Gesundheit zu rauben, dich abzulenken, dich vom Weg abzubringen.

Mein Wunsch und mein Plan sind eine Welt ohne Feinde, ohne Krieg.

Übung:

Stell dir ein großes Sieb vor. Durch dieses Sieb der Liebe siebst du dein Leben, die Welt. Auf der Sieboberfläche bleibt das Schwere und unten ist die Liebe.
Die Liebe hat Zukunft, sie bleibt bestehen.

Flüchtling

Dieses Thema ist mir nicht fremd. In der Bibel stehen viele Geschichten von Menschen, die flüchten mussten.
Adam und Eva waren die ersten Flüchtlinge. Sie gingen nicht freiwillig aus dem Paradies. Sie mussten gehen, weil ich sie verstoßen habe.
Auch mein Sohn musste mit seinen Eltern flüchten.

Ein Flüchtling hat seine Heimat, vielleicht auch seine Familie, seine Geschwister und Eltern, seine Freunde verloren. Mehr noch, seine ganze Lebensgrundlage. Er hat all das zurückgelassen, was ihm lieb und teuer war. Da sind sehr viel Schmerz, Trauer, aber auch Hoffnung.

Hoffnung auf ein menschenwürdiges, friedliches und angstfreies Leben.

Wie gerne würde ich jeden Flüchtling ganz persönlich willkommen heißen. Ihn in meine Arme schließen und ihm sagen, es wird gut. Ich mache keine Unterschiede, ich nehme jeden in den Arm. Ich bin mit und in jedem Flüchtling.
Ich gebe meine Vision vom Frieden nicht auf. Das heißt, von einer Welt ohne Flüchtlinge.

Dem Flüchtling selbst sage ich: „Finde deine wahre Heimat in dir drin." „Finde den Ort in dir, an dem du willkommen bist." „Sei auch du ein Ort, an dem andere Menschen willkommen sind."

Übung:

Mach dir bewusst, was es heißt, alles zu verlieren und alles loszulassen, warum auch immer. Mach dir weiter bewusst, was es heißt, auf Güte, Verständnis und Liebe von fremden Menschen angewiesen zu sein. Spüre dieser schweren Last, all den Ungewissheiten nach.
Geh noch einen Schritt weiter: Wie wäre es, wenn du dich in dieser Situation befinden würdest? Wäre es da nicht auch dein größter Wunsch, mit offenen Armen in Empfang genommen zu werden?

Merke:

Ich kenne alle deine Bedenken. Es kann unter den Flüchtenden Menschen geben, die die Menschenwürde verachten, die auf rasches Geld aus sind. Ich versichere dir, sie werden nicht dein Leben aushöhlen, sie werden dir weder dein Essen, deinen Platz, noch deine Sicherheiten wegnehmen. Es gibt genug für alle.

Freitod

Ich habe den Menschen den eigenen, freien Willen gegeben. **Dieser Wille fängt nicht irgendwo an und hört nicht irgendwo auf.** Ich liebe die Menschen so sehr, dass ich ihnen einen eigenen Willen gegeben habe. Auch wenn es mir manchmal fast das Herz bricht.

Wenn ein Mensch sich bewusst für den freiwilligen Tod entscheidet, dann nehme ich ihn in Liebe auf.

Der Mensch fällt nie weiter als in meine Hände.

Niemand kann meine Liebe nachvollziehen. Ihr denkt menschlich, mein Handeln aber ist göttlich. Meine übergroße Liebe umfasst alles bis in die tiefsten Tiefen hinein.

Der Freitod ist ein menschliches Werk, er war nicht vorgesehen in meinem Plan.

Merke:

Ich verurteile die Menschen nicht, die den „göttlichen Faden" durchtrennen. Ich bin da, ich nehme sie auf, weil ich sie liebe. **Meine Liebe hört nicht auf. Sie ist da, immer und ewig.**

Freude

Freude passt ohne weiteres in eine gut gefüllte Agenda, sie braucht keine zusätzliche Zeit.

Freude kannst du empfinden, wenn du bewusst lebst, wenn du die Aufmerksamkeit auf den Moment lenkst.

Die Freude berührt den ganzen Menschen.

Es können dir schon kleine Dinge große Freude bereiten.

Wie strahlt dein Gesicht bei einem Sonnenuntergang, wenn du einen Regenbogen oder eine Blumenwiese siehst.

Nicht nur das Große zählt, sondern die vielen Kleinigkeiten, die deinen Weg säumen.

Übung:

Werde aufnahmefähiger für die „kleinen Freuden", denn Sich-freuen kann man lernen.

Lächle, damit aktivierst du die Freude.

Beginne, **dreimal täglich im Terminkalender die Freude einzuplanen!**

P.S.: Schade, dass es noch kein Schulfach dafür gibt.

Freundschaft

Freundschaften sind Perlen in jedem Leben.
Freundschaft ist eine Form der Liebe. Sie wird genährt von Vertrauen, Geborgenheit, Anteilnahme, Achtung und Liebe.
Freundschaft ist ein **Geben und Nehmen.**
In der Freundschaft berühren sich die Seelen und auch das Herz.

Wie gern wären ich und auch Jesus in der Mitte all deiner Freundschaften. Ja, noch mehr, ich möchte für dich der **beste väterliche Freund,** die **beste mütterliche Freundin** sein.
Auch mein Sohn ist dein Freund, einer zum Anfassen. Ihn kannst du leichter wahrnehmen und hören als mich.

Freundschaften sind wichtig im Leben. Da kannst du „du selbst" sein. Es tut gut zu wissen, dass jemand für dich da ist, dass du für jemanden wichtig bist. Es ist der Raum, in dem du „die kleinen Beziehungen" üben kannst.

Übung:

Sei selbst so mit dir wie du mit der besten Freundin, dem besten Freund bist.
Nimm dir Zeit, um Freundschaften zu pflegen, denn sie sind das Lebenselixier.
Lade Freund/innen ein und esst gemeinsam.

Fülle

Ohne erfüllte Grundbedürfnisse gibt es keine Fülle.

In Zeiten von Adam und Eva, in den paradiesischen Zeiten, war alles in Fülle da. Mangel war unbekannt. **Er ist entstanden durch das Suchen nach dem Vollkommenen.**

Fülle ist spüren, dass du reich bist. Reich an Liebe, an Frieden, an Gnade und Segen. Reich an allem Lebensnotwendigen.

Ich wünsche dir aus tiefstem Herzen, dass du Glück und Fülle annehmen und genießen lernst.
Es ist mir ein tiefes Bedürfnis, dass du den inneren Reichtum spüren kannst.

Indem ich in dir lebe, sind in dir Glück, Fülle, Geborgenheit, Frieden, Freude und Liebe angelegt.

Übung:

Setze dich ruhig hin und horche in dich hinein. Öffne deine beiden Hände zu einer Schale. Spürst du, wie reich du bist?
Lass die Fülle zu, genieße sie, gib sie weiter an die Menschen, die „nichts" haben.

Geborgenheit

Du bist geborgen in meiner Hand. Sie umschließt dich, seit du auf dieser Erde bist. **Niemand wird geboren ohne meine Geborgenheit.** Sie bleibt vom ersten bis zum letzten Atemzug. Es tut dir gut und es ist gut zu wissen, dass du in meiner wohlwollenden, liebenden Hand bist. Sie richtet dich auf und gibt dir Geborgenheit und Sicherheit. Ich wünsche dir von ganzem Herzen, dass du Geborgenheit erlebst, die in mir verwurzelt ist. Manchmal ist die Geborgenheit gut geerdet, du fühlst dich wohl, warm und weit. Manchmal ist die Geborgenheit ganz flüchtig wie bei einem Kuss. Du kannst nur den Augenblick genießen, du kannst ihn nicht festhalten.

Im Laufe des Lebens verlässt du meine Hand, um neue, eigene Wege zu gehen.
Du sollst wissen, dass du jederzeit zurückkommen kannst in meine Geborgenheit, in dieses Ur-Gefühl, in diese Ur-Sicherheit, in die Ur-Liebe. So kannst du gelassen werden.

Du bekommst auch Geborgenheit und Liebe von deinen Eltern. Sie würden ins Leere fallen, nicht ausreichen, es würde immer etwas fehlen. Es wäre wie ein Fass ohne Boden, wenn meine Geborgenheit nicht der Boden wäre, an dem sie sich festhalten können.

Wenn du ein Baby im Arm hast, spürst du die Wahrheit. Da kannst du mich sehen und ganz nah spüren. Hier kannst du die Wurzel der Geborgenheit entdecken.

Sei bereit für ein großes „Ja" zur Geborgenheit in dir und um dich herum. In ihr bist du meinem Segen und meiner Gnade ganz nahe.

Übung:

Stelle dir bildlich vor, dass du dich in meine Hand hineinbegibst. Ich helfe dir gerne, meine Geborgenheit zu finden. Spüre dieser großen Liebe in dir nach, wie du beachtet, geschätzt und geliebt wirst, durch und durch.

Sage laut: **„Du, Gott, meine Geborgenheit“.** Wenn du das laut sagst, bin ich da.

Gebote

Du wurdest gelehrt, dass die 10 Gebote Treppen sind zum Himmelreich. Dass dich jedes Gebot näher zu mir bringt.
Diese alten Gebote machen dich aber klein, ängstlich, unsicher und verletzlich.
Meine Gebote sind keine Verbote. Sie sollen der Boden sein, auf dem das Fundament steht. Darauf kann ich mein Haus bauen. Der Sinn der Gebote ist immer noch gültig.
Die Bibel ist ein sehr altes und weises Buch.
Sie ist voller Bilder, die der heutige Mensch leider nicht mehr verstehen kann. Du brauchst ein ganzes Leben, um hinter all die Weisheiten zu kommen, um sie nur ansatzweise zu verstehen.

Wenn es für dich stimmig ist, so verbrenne die alten, dir unverständlichen Worte der 10 Gebote.
Schreibe sie neu in deiner Sprache. So können sie dir zu Fleisch und Blut werden.
Altes Papier, alte Wörter können das nicht.

Dieses Verbrennen ist ein Freudenfeuer. Endlich kann der neue Mensch entstehen.
So komme ich weg vom Bild des strafenden, verdammenden Gottes.
So kommst du raus aus der alten, scheinbar uralten Abhängigkeit.

Übung:

Ich traue dir sehr viel zu: Schreibe deine eigenen 10 Gebote.

Gehorsam

In diesem Wort ist „hören“ versteckt.

Hören ist wichtiger als Gehorsam sein.

Mir geht es nicht um einen blinden Gehorsam, einen Gehorsam, der keine Widerrede duldet.

Auch sollst du nicht blindlings etwas oder jemandem nachlaufen im Außen.

Mir geht es um das Hören deiner kleinen inneren Stimme. Dass du sie hörst und ihr vertraust, ohne wenn und aber.

Ich freue mich, wenn du deiner kleinen Stimme dein Vertrauen schenkst. Wenn es dir gelingt, trotz Zweifel und Vernunft ihr gegenüber gehorsam zu sein. Dass du das tust, was sie sagt, ohne lange zu überlegen. Das ist der Gehorsam, den ich mir wünsche.

Diese kleine Stimme möchte das Beste, das Allerbeste für dich.

Ich will nicht, dass du deinen Willen ausschaltest.

Vielmehr möchte ich dir Mut machen zur Hingabe.

Gib dich dieser kleinen Stimme hin. Sie ist liebevoll und leise. Das ist ihr Merkmal.

Übung:

Übe, der inneren, leisen Stimme zu trauen. Achte auf sie, gehe auf sie ein. Lass sie in dir zu Wort kommen.

Gelassenheit

Wenn du gelassen bist, bist du geborgen und sicher in dem Schoss des Vertrauens und der Liebe. Das heißt, dass du fest verwurzelt bist im Hier und Jetzt.
Dass das Leben an dir vorbeiziehen kann, ohne dass du mitziehen musst.

In der göttlichen Gelassenheit bist du verbunden mit mir. Du bist in meiner Bewegung, ich bewege dich. In meiner Energie wirst du sicher geleitet. Wisse dich wohl behütet zwischen Himmel und Erde.

Da kannst du sein und eines nach dem andern tun.

Du kannst nicht gleichzeitig Ein- und Ausatmen.

Ich habe keine Freude, wenn du dich im Hamsterrad bewegst. Verliere dich nicht im Getriebe der Welt oder im eigenen Getriebe.

Ich habe die Welt auch nicht an einem Tag geschaffen. So kannst du dein Leben auch nicht an einem Tag leben, du brauchst dazu dein ganzes Leben lang.

Hab Mut, den göttlichen Rhythmus zu leben. Du brauchst nicht schneller zu sein als ich …

Übung:

Konzentriere dich auf das Wesentliche. Nimm dir die Ruhe, die Zeit und den Raum dafür. Lass alles andere an dir vorbeiziehen. Du bist da, wo du bist.

Atme ganz bewusst ein und aus. Halte den Atem kurz an, mache eine kleine Pause zwischen dem Ein- und dem Ausatmen.

Beobachte den Fluss, wie er gemächlich fließt. Wie er über Schwellen braust, große Felsen umschifft. Er lässt sich nicht beirren und findet seinen Weg.

Glauben

Der Glaube ist ein Geheimnis, er ist ein Wagnis.

Glauben heißt vertrauen, sich auf etwas einlassen, sich zu etwas bekennen, etwas anzunehmen.

Der Glaube hat viele Facetten: Er kann Berge versetzen, ist heilsam und Mut machend. Der Glaube ist tröstend, stärkend und befähigt zur Liebe. Er macht demütig und gelassen.

Glaube hat nichts zu tun mit Fanatismus, Überheblichkeit und Allwissenheit.

Den Glauben, den ich mir wünsche, **der verliert die Liebe nie aus den Augen.**
Aus ihm wachsen weiße Lilien und rote Mohnblumen. Das ist der Nährboden für Liebe, Vertrauen und Frieden.

Jeder Mensch hat die Voraussetzung zum Glauben. Im Laufe der Zeit hat sich aber bei vielen Menschen einiges darübergelegt, sodass der Glaube zugedeckt wurde. Auch ein Mensch, der nicht glaubt, hat einen Glauben, einen „Nichtglauben".

Das Glaubensleben ist von einem Auf und Ab geprägt. Aber es gibt einen rotgoldenen, silbrigen, göttlichen Faden, an dem du dich festhalten kannst.

Der Glaube soll dir gut tun. Er ist ein geheimnisvoller Weg, ein Geschenk. Der Glaube kann dich auf den Kopf stellen und dich in Bewegung bringen.

Übung:

Ich bin bereit zu glauben und räume mutig meinen Glauben frei. Ich lasse meine engstirnigen Gedanken bewusst los und lasse sie ziehen. Ich verzichte auf das Verstehen-wollen.

Gleichheit

Ich bin männlich und weiblich in einem.

Für mich sind Frau und Mann gleichgestellt, gleichwertig in jeder Hinsicht.

In den biblischen Erzählungen über Jesus liest du, dass ihm die Würde der Frauen wichtig war.

Es war nie mein Wille, dass die Frau dem Mann untertan ist. Sie sollten sich viel mehr gegenseitig achten, respektieren und ergänzen.

Eine Frau muss nicht ein Mann werden, um von mir gesehen, geliebt und geachtet zu werden.

Ich habe den Menschen, ob Mann oder Frau, stark und mutig geschaffen.

Er ist offen zum Lieben, ist weich und warmherzig. Er steht aufrecht im Leben, kann sich aber zum Schwachen hinbeugen. Der Mensch ist eigenständig, selbstbewusst und erdverbunden. Er beachtet seine Mitmenschen, ohne sich selber dabei zu vergessen.

Jeder Mensch hat andere Gaben von mir bekommen. Sie sind ein Geschenk von mir, um das Leben sinnvoll zu gestalten, zu füllen und zu genießen.

Schön ist es, zu sehen, wenn diese Gaben auch anderen Menschen Nutzen bringen.

Diese Gaben sollen dir zu Liebe, Glück und Frieden verhelfen.

Übung:

Beobachte ruhig deinen Atem. Nimm Kontakt zu dir auf.

- ◊ Sei die, die du bist.
- ◊ Sei der, der du bist.

Glück

Ich wünsche mir, dass alle glücklich sind.
Du sollst in Glück, Fülle, Freude und Frieden leben. Mir ist es wichtig, dass du die vielen Facetten des Glücks genießen und annehmen kannst.

Das Glück ist da, du musst ihm nicht nachjagen. Es ist nicht käuflich, es ist ein Geschenk.

Mache dich frei von der Vorstellung, wie sich Glück anfühlen soll. Ansonsten verbaust du dir den Zugang zum Glück.

Glück ist im Augenblick.

Glück ist, wenn du dich spürst, wenn du dich verbunden fühlst mit mir, mit einem Menschen oder mit der Natur.
Glück ist, wenn du dich geliebt, lebendig, sicher und geborgen fühlst.

Du bist immer auf der Suche nach dem „wahren" Glück, nach Glücksmomenten.
Aber eigentlich suchst du jene Momente, in denen du mich, meine Liebe ganz nah spürst. Dies ist ein göttlicher Moment. Die Welt bleibt für einen Moment stehen und mein Herzschlag ist spürbar in dir. Du bist fest verwurzelt und auf- und ausgerichtet in den Himmel, ganz und gar. Dies ist Glück.

Ich bin glücklich, wenn du glücklich bist, wenn du liebst, wenn mein Wille in dir geschehen darf.

Übung:

Umgib dich mit glücklichen Menschen, denn Glück ist ansteckend.
Gib dir die Erlaubnis, glücklich zu sein.
Nimm dir Zeit für die „unwichtigen Dinge“, die dir Freude machen.
Versuche immer wieder, eine Stunde lang so zu leben, als wäre dies deine erste und deine letzte Stunde.

Gnade

Meine Gnade kannst du dir nicht verdienen oder erbitten.

Sie ist ein unverhofftes, wohlwollendes **Geschenk** von mir.

Ich alleine weiß, wann die Zeit dafür reif ist.

Die Gnade ist außerhalb von deinem Willen.

Niemand ist von meiner Gnade ausgeschlossen.

Du musst offen und bereit sein zu empfangen.

Du sollst wie ein Gefäß sein, das von mir gefüllt wird.

Gnade ist wie das fehlende Puzzlestück, das du beim besten Willen nicht finden kannst.

Ich präsentiere dir dieses Teil zum richtigen Zeitpunkt voller Liebe.

Du musst nichts dafür tun, ich schenke es dir.

Übung:

Halte beide Hände offen, mit dem Handrücken nach unten, hin.

Dies ist die Geste des Empfangens. Lass deine leeren Hände von mir füllen.

„Scheinbare" Gottesferne

Kennst du die Momente,

◊ in denen du betest und die Worte einfach verhallen?
◊ in denen du gesehen werden möchtest und kein Blick würdigt dich?
◊ in denen du auf Hilfe hoffst und niemand ist da, der dich unterstützt?

Ich bin da. Ich höre dich.

Es gibt Momente, in denen ich dir den Rücken zuwende und handlungsunfähig bin. Das heißt, ich kann dich hören, aber nichts tun.

In diesen Momenten brauche ich dich. Dass du mir sagst, dass du mich **trotzdem** liebst.

Diese Liebeserklärung an mich: „Gott, ich liebe dich, ich liebe dich bis in deine tiefsten Tiefen hinein, ich liebe dich von ganzem Herzen." Diese Worte können mich aus meiner Erstarrung befreien.

Ich brauche dich, so wie du mich brauchst.

Auch Jesus, mein Sohn, hatte diese „scheinbare" Gottesferne als Mensch erlebt.

Wenn ich dir „scheinbar" fern bin, wende dich vertrauensvoll an Jesus, Maria (die Mutter von Jesus) oder an die Engel. Sie kennen diese Erstarrung nicht. So bist du nie alleine.

Ich bin da, ich bin voll von Liebe.

Gottgefällig Leben

Du führst ein gottgefälliges Leben, wenn du die Liebe lebst.

Liebe auch das, was nicht liebenswert ist. Ich weiß, dass ich dir damit viel zumute. Doch ich traue dir zu, dass du dich zur allumfassenden Liebe weiter entwickeln kannst. Damit soll kein Druck für dich entstehen.

Liebe den Nächsten so wie dich selbst und liebe mich mit allem, was du bist. Das sind die wichtigsten Gebote.

Lebe jeden Augenblick bewusst. Sei dir bewusst, wer du bist und wozu du bist.

Du bist meine geliebte Tochter, du bist mein geliebter Sohn.

Nimm diese Liebe an.

Übung:

Vielleicht tut es dir gut, deinen Alltag zu unterbrechen, dein Tun und deine Rituale zu hinterfragen.

Beobachte deinen Atem, spüre ihm nach.

Mache dir Gedanken darüber, was wirklich sinnvoll ist in deinem Leben. **Lass dich von mir ausrichten und aufrichten.**

Du kannst dich jedem Abend fragen, war dies ein erfüllter und friedvoller Tag? Wenn du mit einer Begebenheit unzufrieden, verärgert oder traurig bist, so besprich das mit mir.

Gib es in meine Hand. Ich bin dein treuer Begleiter, **ich lasse dich nicht allein.**

Güte

Güte ist ein verlorenes Gut. Es ist ein verbrauchtes Wort und wird nicht mehr großgeschrieben. Heute hat Güte eher einen negativen Beigeschmack und ist altmodisch, da sie oft für Verlust und Ausgenutzt-sein steht.

Güte ist ein wichtiger Bestandteil, ja sogar ein Garant für ein erfülltes, nachhaltiges und zufriedenes Leben.

Ich mache dir Mut, für die Güte einzustehen, gegen den Strom zu schwimmen und dich zur Güte in dir zu bekennen. In jedem Menschen wohnt die Güte.

Du bist gütig, wenn du **mit dir und deinen Mitmenschen warmherzig, wohlwollend und liebevoll bist.** Wenn **deine Augen das Gute im Blickfeld haben.**

Die Begleiter der Güte sind Barmherzigkeit und Liebe.

Ich freue mich, wenn die Güte wieder eine Hoch-Zeit erlebt.
Die Welt und die Wirtschaft werden ganz sicher nicht zusammenbrechen. Im Gegenteil, sie erblühen.

Übung:

Beschäftige dich mit dem Leben der Heiligen. Sie lassen dich teilhaben an ihrer Güte. Durch das Lesen ihrer Lebensgeschichten wird deiner Güte Mut gemacht, an die Oberfläche zu kommen.

Entscheide dich für die Güte, wage es, gütig zu sein.

Probiere, sie jeden Tag aufs Neue zu leben.
Du wirst überrascht sein.
Stell dir bildlich vor, dass das Millionen von Menschen machen, überall auf der ganzen Welt. Dann fällt die Güte wie Sternschnuppen vom Himmel.
Ach, ist das schön.

Heiliger Geist.

Mein Geist ist heilig.

Ich habe ihn für **alle** Menschen bereitgestellt. Er ist nicht den Auserwählten vorbehalten.
Jeder soll und darf meinen heiligen Geist bekommen.
Ihr Menschen seid der Tempel meiner Liebe.

Der Heilige Geist ist durch meine Gnade wirksam.
Du bist nicht geboren mit dem heiligen Geist. Denn damit ist immer ein Auftrag verbunden.
Er ist ein Geschenk und ich weiß, wann der richtige Augenblick dafür gekommen ist.

Mein Geist soll nicht durch ein Bild begrenzt oder eingeengt werden. Doch ich möchte dir trotzdem ein Bild dafür geben: Er ist so wie eine schöne geschwungene Schale, leer und doch gefüllt. Gefüllt mit meinem Atem. Der Heilige Geist atmet in dir, er atmet Leben in dich hinein.

Mein Heiliger Geist ist nicht sichtbar, nicht fassbar. Doch du kannst ihn spüren, Worte fließen aus dir heraus und du bist erfüllt mit Heiligkeit.
Du wirst mein Werkzeug. Du öffnest dich und bewegst dich nach vorne. Mein Heiliger Geist bewirkt in dir, dass sich die Liebe ausbreitet.

Mein Heiliger Geist gehört zur Vision des Friedens.
Damit kommt Licht in diese Welt. Wenn der Heilige Geist in dir ist, leuchtest du sichtbar in die Welt.

Du wirst liebesfähig, wirst Frieden schaffen in dir und mit der Welt. Du wirst vergeben können.
Mein Heiliger Geist möchte Licht, Freude, Segen und Gnade bringen.

Übung:

Stell dir in Gedanken vor, dass du ein leeres Gefäß bist. Lade nun meinen heiligen Geist ein, dass er in dir wohnen soll. Achte darauf, dass sich mein Geist bei dir wohl fühlt, dass er es gemütlich hat, dass er gerne bei dir ist. Stelle dir vor, wie meine Liebe langsam in dich hineinfließt.
Schau zu, wie sich das leere Gefäß langsam füllt und überläuft, hin zu deinen Mitmenschen.

Werde dir bewusst, dass du aus meiner Liebe entstanden bist. Ich kenne nur liebende Gedanken für dich. Öffne die Türe für meinen heiligen Geist. Lade ihn ein und heiße ihn willkommen.

Heiligkeit

Heilige sind Menschen, die ihre Berufung leben. Die eine Liebesbeziehung zu mir haben.
Vermutlich kennst du die Erzählungen von den früheren Heiligen, die viel Schmerz und Leid getragen haben. So will und wollte ich es nie haben.

Die Heiligen unserer Zeit sind Menschen, die mir ihr Leben übergeben haben. Die ganz und gar meine Werkzeuge sind. Meine Füße, meine Hände, meine Augen, meine Ohren, meinen Mund, meine Haut. Ich wohne in ihnen. Sie tragen mich in die Welt.

Du musst dein „Frau sein“ oder dein „Mann sein“ nicht verleugnen, um heilig zu sein.

Für mich ist es auch kein Thema, wenn du neben mir noch in einer anderen Liebesbeziehung lebst.

Heilig ist ein Augenblick der Verschmelzung von mir mit dir. Ich bin in dir und du bist in mir. Du spürst ganz deutlich, dass du deinen Ursprung in mir hast. In diesem Augenblick bist du ganz nah an der Quelle.
Es ist ein Augenblick des Friedens, der Stille. Die Zeit scheint stehen zu bleiben. Das sind Augenblicke, die wie „ein Punkt“ sind.

Heilig sein soll dir Freude bereiten.
Ich will dir Mut machen, damit du Lust bekommst, eine Heilige oder Heiliger zu sein.
Lass zu, dass ich mitten in deinem Leben und in deinem Lieben bin. Dass ich in deinem Hier und Jetzt mit dir sein darf. Ich

möchte durch dich wirken, sei mein Werkzeug. Habe keine Angst, dich zu verlieren.

Heilige Augenblicke werden dir geschenkt, sie kommen ganz unverhofft.
Ich, Jesus, Maria oder ein Engel küsst dich in den heiligen Augenblicken auf die Stirn. Dies ist eine besondere Berührung. Diese Augenblicke sind eine Gnade und ein Geschenk.

Übung:

Lies die Texte von Theresa von Avila. Ich liebe sie sehr. Beim Lesen kommst du in die heilige Schwingung hinein.

Sei offen für heilige Augenblicke. Öffnen deine Arme wie eine Schale, damit Heiligkeit durch dich strömen kann.

Sprich „meinen Namen", den Namen von „Jesus" oder von „Maria" laut aus. So kommt die Heiligkeit in dir zum Schwingen, es erklingt der Ton der Heiligkeit in dir.

Heimat

Heimat ist nicht an einen Ort gebunden. Heimat meint nicht den Ort, in dem du deine Kindheit verbracht hast. Der Heimatort oder der Geburtsort ist dir ein vertrauter Ort mit vielen Erinnerungen. Aber es ist nicht der Ort der wahren Heimat.

Suche die Heimat in dir drin, nicht im außerhalb. Wohne in dir drin, finde die Heimat in dir. Komm heim zu dir. Bewohne dein ureigenes Lebenshaus. Egal, wo du bist, du trägst die Heimat in dir.

Ich bin in dir. Ich lebe auch in deinem Lebenshaus. Ich, Jesus, Maria und Engel sind deine Untermieter. Wir wohnen nicht im Himmel. Wir sind in **Wohngemeinschaft** mit dir.

Versuche diesem tiefen Gefühl der wahren Heimat näher zu kommen. Du bist verwurzelt in mir und ich in dir.
In dir wohnen Hoffnung, Liebe, Licht und Vertrauen.
Dieses Bewusstsein macht dein Herz weit, offen und lebendig.
Du gehst auf- und ausgerichtet durch das Leben.
Du hast dich gefunden.
Du fühlst dich geachtet und geliebt.
Du bist in dir zu Hause.
Das ist „deine“ und „meine“ wahre Heimat.

Übung:

Mache dich auf den Weg in dein Lebenshaus. Es ist in der Mitte von dir. Mach die Türe auf, tritt ein. Gestalte und bewohne in Gedanken deine inneren Räume, Raum für Raum.

„Ich bin zu Hause in mir". „Ich bin". Wiederhole diese beiden Sätze immer wieder.

Mit jedem Atemzug denkst du das Wort: Heimat. Beim Ein- und beim Ausatmen: Heimat.

Genauso atmest du „meinen Namen" ein und aus.

Ebenso den Namen von „Jesus" ein- und ausatmen.

Jetzt verbindest du Heimat, meinen Namen und den Namen von Jesus beim Ein- und Ausatmen.

Hoffnung

Ich habe ganz viel Hoffnung in dein Herz und in deinen Geist gelegt.
Die Hoffnung gibt dir sehr viel, ohne sie wärst du armselig. Jeder Mensch trägt Hoffnung in sich.

Du hoffst, dass eine Veränderung geschieht, dass sich etwas zum Guten wendet, dass du immer geliebt wirst.
In der Hoffnung bin ich mitten drin. In ihr und durch sie wirke ich in dir.

Die Hoffnung ist überall da, wo sie gebraucht wird: In der Liebe, im Leben, beim Vertrauen. In der Hoffnung kannst du mich spüren, kannst du meine unmittelbare Zugewandtheit erleben. Sie zaubert ein Lächeln in dein Gesicht, dein Herz erstrahlt, es kommt ein kleiner Frieden in dein Leben.

Die Hoffnung soll dich küssen, jeden Tag. Sie soll dich in den Arm nehmen. Sie soll dir meine Liebe überbringen. In der Hoffnung bin ich dir genauso nahe wie in der Liebe.

Das ist meine Hoffnung: Dass du meine Vision Wirklichkeit werden lässt, dass du glauben kannst, dass ich in dir bin. Dass du dir vorstellen kannst, mein Werkzeug zu sein und die Flamme der Liebe in dir aufnimmst.

Übung:

Hoffnung hat die Farben grün und gelb. Mache dir diese Farben in dir bewusst. Lass sie in dich hinein und lass sie in dir fließen. Die Hoffnung ist weiblich, sie ist reine Güte. Stell dir Frau Hoffnung vor, lasse dich auf sie ein, lerne sie kennen. Stelle dir diese hoffnungsvolle Güte in deinem Inneren vor.

Stell dir vor, dass ich dich, dein Leben, deine wunden Punkte, deine Sehnsüchte behutsam mit meinen Fingerspitzen berühre. Dies ist eine Liebkosung von mir. Nimm sie an und lass es zu.

Übe das Annehmen und Zulassen der Hoffnung.
Sprich laut: „Ja, ich bin Hoffnung und Hoffnung ist in mir".
Sei dir bewusst, wie schön die Hoffnung in dir ist.
Es geht immer ums Bewusst-machen und Zulassen.
Du trägst alles in dir.

Jesus

Ich habe Jesus in die Welt gesandt, damit meine Liebe für die Menschen spürbar und erlebbar wurde.

Er war und ist mein Geschenk an die Menschheit. Er ist mein Sohn, er ist der Heilbringer, der Messias.

Es war mein Wunsch, dass die Menschen mich verstehen und ihre Bilder, die sie von mir haben, hinterfragen. Es macht mich traurig, wenn Menschen meinen, ich sei ein strafender, ein lebensfeindlicher und böser Gott.

In Jesus bin ich den Menschen sehr nahe gekommen, ihnen auf Augenhöhe begegnet. Er ist meine gelebte Liebe. Er kennt Freude, hat Schmerzen und Leid durchlebt. All die menschlichen Nöte sind ihm nicht fremd. Damit wollte ich zeigen, dass ich kein weltfremder Gott bin. In allem Schönen und in allem Schweren kann ich dich abholen, dir begegnen und mit dir durchleben.

Jesus ist die menschliche Seite von mir, mein Ebenbild.

Für viele Menschen ist Jesus die Türe zu mir.

Es gibt auch Menschen, die ohne diese Türe zu mir kommen.

Das Neue Testament der Bibel erzählt so viele Geschichten von und über Jesus. Ihn konnten die Menschen anfassen, ihm in die Augen sehen, ihn berühren. Mit ihm konnten sie sprechen, konnten ihn fragen und bekamen Antwort. Er war und ist ein wirklicher Menschenfreund.

Jesus ist nicht Vergangenheit. Immer wieder aufs Neue begegne ich dir durch ihn im Hier und Jetzt. Er ist meine Haut, meine Augen, mein Mund, meine Ohren, meine Hände, meine Füße.

Durch ihn bin ich Mensch geworden. Du kannst immer wieder durch Jesus mich leibhaftig erleben.

Übung:

Lies regelmäßig im Neuen Testament.

Meditiere die Texte, um tiefer in das Geheimnis meiner Liebe einzudringen. Es bringt dir meinen Sohn näher. Du kannst ihm da begegnen. Freu dich auf ein Wiedersehen mit ihm.

Du brauchst ein ganzes Leben lang und noch viel länger um die Tiefen meiner Liebe zu erfassen.

Jesus liebt es, dein Gast zu sein und mit dir Mahl zu halten. Bitte ihn, dass er Brot und Wein mit dir teilt.

Knoten

Hast du manchmal das Gefühl, dass dir etwas die Luft nimmt, dich einengt, und dich am Weiterkommen hindert?

Das sind Anzeichen eines seelischen Knotens. Er ist ein Hindernis im Leben und zum Leben.

Du kannst einen Knoten aus einem früheren Leben mit dir tragen oder einen Knoten von einer nahestehenden Person übernommen haben.

Vielleicht ist dein Geist festgefahren, du willst etwas Unmögliches erzwingen oder du drehst dich im Kreis.

Du hast den Kontakt zu dir, zu mir, zu deinen Mitmenschen oder zu der Welt verloren. Es ist wie ein „Wackelkontakt", mal spürst du dich und mal nicht.

Unter diesem Knoten ist oft ein Mangel verborgen: fehlende Liebe, nicht gesehen werden, nicht wichtig sein.

Ein gelöster Knoten ist eine Brücke zum Leben. Du kannst über diese Brücke zum Leben gelangen.

Übung:

Nimm eine Schnur und knüpfe den Knoten in deinem Inneren nach.

Nun löse den Knoten. Halte dein Augenmerk nicht auf der Schnur, sondern konzentriere dich bei deinem Tun auf **den Knoten in dir. Löse ihn auf.**

Stelle dir weiter vor, wie meine liebenden Hände dir beim Lösen alter und hartnäckiger Knoten helfen können. Du kannst auch Engel um Hilfe bitten.

Kreuz

Vielleicht verbindest du mit dem Kreuz Schmerzen und Trauer. Ich will nicht, dass du daran hängen bleibst oder darüber stolperst, weil du das Kreuz als Last empfindest.

Das Kreuz hat eine ganz andere Dimension:
Mein Sohn ist am Kreuz gestorben. Durch **die Auferstehung** ist das Kreuz zum **Hoffnungszeichen** geworden für alle Menschen. Es ist das Zeichen, **dass das Leben gewinnt,** dass nichts meine Liebe töten kann.
Ich bin mit Jesus durch den Tod gegangen. Wie musste ich weinen, meinen lieben Sohn so leiden zu sehen. Jesus war in diesem Augenblick nicht alleine, ich war ihm ganz nahe.

Aber ich wusste, dass durch dieses Zeichen des Kreuzes und der Auferstehung für so viele Menschen sich ihr Leid und ihre Trauer in Hoffnung, ihre Verzweiflung in Liebe wandeln werden. Ich durfte nicht eingreifen, da es sonst keine Auferstehung gegeben hätte.

Auch wenn du Schlimmes erlebst, hat dieses Schlimme nicht das letzte Wort. Auch wenn etwas tot und am Boden zerstört scheint, kann neues Leben daraus wachsen.

Jesus hat sein Blut auch für dich vergossen. Dadurch ist dein Blut wie bei einer „Blutwäsche“ gereinigt worden. All das Schwere und Schmerzhafte wurde weggewaschen.

Das Kreuz habe ich **in dich hineingelegt,** damit **du erlöst bist.** Versuche es zu begreifen, das Kreuz ist mein Zeichen der Erlösung!

Auch in der dunkelsten Nacht, in der Mutlosigkeit, leuchtet mein Licht.
Auch im größten Schmerz bin ich da und reiche dir die Hand.
Da es für die Menschen schwierig ist, das Kreuz in Hoffnung, Liebe und Freiheit umzusetzen, habe ich einen neuen Weg eingeschlagen.
Das Kreuz ist seit ein paar Jahren nicht mehr im Menschenherz verankert.

Übung:

Stelle dir die beiden Balken vom Kreuz vor, den Längsbalken und den Querbalken. Da, wo sich diese beiden Balken treffen, da schaue ich dich an, da schaut Jesus dich an, da schauen wir uns an. Hier entsteht neues Leben, hier sprießen weiße Lilien. Geh an diesem Punkt weiter und durch ihn durch. So kommst du direkt in mein liebendes Herz. Hier findest du Ruhe und Erlösung von deinen Sorgen, von deinen Lasten. Tauche ein in meine Liebe, in meinen Lichtstrahl.

Stell dir das Kreuz weiter vor, vom Querbalken beugt sich Jesus zu dir herunter und streckt dir seine Arme entgegen. Spürst du die Wärme seiner unendlichen Liebe? Nimm die Umarmung an, so bist du verbunden mit dem **„Weltenherz" und dem Frieden.**

Stelle dich, setze dich, oder lege dich mit ausgebreiteten Armen hin. Jetzt stell dir in Gedanken vor, dass ich eine Hand vor deinem Herz und deinem Bauch habe. Die andere Hand ist am Rücken. Die zwei Hände kommen zusammen und beten. Lass es zu, dass sich die beiden Hände zum Gebet des Lebens und der Liebe finden.

Reiche deinem Gegenüber die Hände, beide Hände. Diese Geste des Händereichens nach rechts und nach links ist wie das gelebte Kreuz. Da kann es keinen Krieg mehr geben, da keine Hand mehr frei ist für eine Waffe.

Deine Arbeit und dein ganzes Leben stehen unter diesem Symbol, die Hände nach rechts und nach links auszustrecken. Das ist wie eine Lichtspur, die mein Antlitz in die Welt bringt.

Liebe

Ich bin die Liebe.

Die Liebe ist in dir. Niemand wird ohne Liebe geboren.
Mit dem ersten Atemzug ist die Liebe da.
Die Liebe ist der Motor, der dich bewegt. Dieser Motor läuft mit Muttermilch, mit Berührung, mit lobenden und liebenden Worten. Er läuft auch mit Streicheleinheiten, mit in den Arm genommen werden, mit angestrahlt werden oder wenn du dich freust.
Wenn meine Liebe nicht da wäre, würde der Motor leerlaufen.
Ich bin der Boden, auf dem die Liebe wachsen kann.

Liebe geschieht im Herzen, da ist sie zu Hause. Nicht im Kopf.
Aus dem Herzen soll sie in jede Zelle fließen und darüber hinaus in die Welt.
Trau dich zu lieben und dich lieben zu lassen.
Finde den Mut, glücklich zu sein. Nimm das Gute und Wunderbare an.

Wenn du liebst, bin ich mitten drin.
In jeder Liebe.
Ich habe dich als liebendes Wesen erschaffen.
Diese Fähigkeit ist mir sehr wichtig.

Liebe ist Freiheit in einem Wir.
Liebe ist loslassen und da sein.
Liebe ist gelebte Beziehung zwischen mindestens zwei Wesen.
Beziehung ist gelebte Liebe.

Um zu Lieben, brauchst du **ein offenes Herz.**
Nur so kann dir die Liebe eines Menschen begegnen. Wenn du der Liebe begegnest, werden dein Körper, dein Geist und deine Seele berührt und du fühlst dich geborgen.

Damit eine Partnerschaft gelingt, müssen beide Menschen **ganz** sein. **Es sind nicht zwei Hälften, die zusammengefügt werden.**

Für mich ist **jeder Mensch ganz und einzigartig.**

In deiner Liebe und in deinem Willen bin ich mitten drin.
In der Hingabe gibst du mir den Willen zurück, den ich dir geschenkt habe.

Mein Wunsch für dich wäre, dass mein Wille, **meine Liebe in dir wirkt, dann bin ich wahrhaftig da in dir.**
Dann bist du erfüllt von mir. Trotzdem bist du du selbst. Du verlierst dich nicht. Im Gegenteil, du findest dich. Das ist das Geheimnis. In der Liebe findest du dich.

Lass deinen Willen los, damit mein Wille in dir geschehen kann.
Lieben heißt loslassen und geschehen lassen.
Lieben heißt mich sehen, heißt sich öffnen, zulassen, sich berühren lassen.
Dass Liebe und Liebe sich begegnet.

Liebe bringt Frieden.
Liebe öffnet dich für den Frieden in dir und in der Welt.
Du wirst damit ein Stück selig.
Da erlebst du einen heiligen Augenblick. Wenn sich dein Herz öffnet und du dich spürst, mich spürst, das Gegenüber spürst. Dafür braucht es Mut und Vertrauen. Ich glaube daran, dass du

das schaffen kannst. Es macht mir Mut, dass das schon immer wieder geschieht.

Übung:

Sag „ja“ zur Liebe.
Nimm die Liebe an und auf.
Mach dein Herz weit.
Spring über deinen Schatten der Angst und der Verzagtheit. Sag „ja“ zur Liebe.

Merke: Die Liebe ist altersunabhängig.

Licht

Mit der Geburt von Jesus habe ich das Licht der Gnade und der Liebe zu den Menschen gebracht.

Auch heute will ich dir ein Licht schenken, es soll dir Frieden bringen. Dieses Friedenslicht ist der Ursprung für den Weltfrieden. Es dauert Jahre, bis sich dieses Licht voll und ganz entfaltet.

Dieses Licht ist eine Ergänzung und Verstärkung zum Gottesfunken der in jedem Menschen glüht. Es ist das Licht der Erkenntnis, es ist die Basis des Friedens.

In diesem Licht kannst du dich selber erkennen, erkennst du die Menschen um dich herum, erkennst du, dass ich in allem bin.

In absehbarer Zeit werde ich dir ein neues Licht schenken, das Licht der Verbundenheit und des Mutes. Ein weiteres Licht wird für Klarheit und das Wissen um das Göttliche in uns brennen.

Diese Lichter kommen ohne Ausnahme zu allen Menschen.
Es ist ein weiteres Geschenk an die Menschheit, um den Friedensprozess voran zu treiben.
Nimm diese Lichter wahr, nimm sie an und gib sie weiter, dass sie über dich hinaus strahlen, immer weiter und immer mehr.

Übung:

Zünde dir immer wieder eine Kerze an. Die Kerze ist wie ein Funke von mir. Ich bin wie das Streichholz, ich entflamme dich.

Werde dir bewusst, dass du Licht bist, dass ich Licht bin, dass Jesus Licht ist. Suche dieses Licht, wärme dich daran.

Überall ist Licht. Nimm das Licht um dich herum bewusst wahr. Nimm das Licht in dir war.

Sag ja zum Licht!

Loslassen

Auch wenn es paradox klingt, Loslassen ist eine Bereicherung. Loslassen ist ein Akt der Befreiung.

Wenn du bewusst loslässt, spürst du ein Stück Freiheit und Leichtigkeit.
Du brauchst dich nicht an so vielem festzuhalten, um dich zu spüren. Dieses Festhalten gibt dir eine scheinbare Sicherheit und Geborgenheit.
Je mehr du um dich anhäufst, desto unfreier wirst du.
Loslassen, Geschehen-lassen ist schwer.

Auch für mich war es schwer, loszulassen. Damals, als mein Sohn auf das Kreuz zuging, damals, als Adam und Eva vor dem Baum der Versuchung standen.
Für mich ist es auch heute noch schwer, dich loszulassen, dir deinen eigenen Willen zu lassen. Dich deinen eigenen Weg gehen zu lassen, auch wenn es gegen meinen Plan geht. Damit zeige ich meine Liebe zu dir, mein Vertrauen in dich.

Übung:

Ich möchte dir Mut machen, das Loslassen zu üben, damit du frei wirst und in die wirkliche Geborgenheit und Sicherheit hinein wachsen kannst.

Nimm etwas in die Hand und lass es dann los. Spüre diesem Loslassen, den Folgen des Loslassens nach.

Nimm in Gedanken eine Schuhschachtel und lege alles hinein was schwer ist und was dich behindert im Leben. Lege auch alle deine Wünsche hinein. Binde einen großen Luftballon an die verschnürte Schachtel und lasse sie mit all dem Inhalt los. Schaue dem Luftballon nach, bis er am Horizont verschwunden ist.

Lust

Über viele Jahrhunderte bin ich falsch verstanden worden. Mir wird nachgesagt, dass ich lustfeindlich bin, dass mir die Lust ein Dorn im Auge ist. Ich möchte ein für allemal sagen, so ist es nicht.

Als Adam und Eva von den „verbotenen" Früchten gegessen hatten und sie sich als Mann und als Frau erkannten, kam die Lust ins Menschsein.
Erst haben sie sich geschämt und danach bekamen sie Lust. Diese Lust war nicht frei, sondern mit Schmerz behaftet. Sinnbildlich war ein „Messer" in der Lust. Dieses „Messer" ist die Angriffsfläche der Gier. Leider ist die Lust immer mehr zur Gier verkommen. Haben wollen – haben müssen. Damit habe ich Mühe, denn die Gier kommt nicht von mir.
Ja, mir tut es weh, was aus der Lust geworden ist.

So wie ich meine Schöpfung gedacht habe, hätte sich die Lust frei entwickeln können, ohne Scham, ohne Angst und ohne schlechtes Gewissen.
Es war nicht mein Plan, die Lust auf das Körperliche zu reduzieren, die Lust gehört vielmehr mitten in dein Leben hinein.
Ich wollte, dass du dich **freudig** einem Menschen schenkst, dass du **ihm etwas Gutes tun willst.**
Genau so freudig darfst du das Geschenk der Lust annehmen.
Die Lust ist ein heiliger Augenblick.

Mir ist wichtig, dass du deine Lust lustig lebst, sie soll dir Freude bereiten. Die Lust ist nicht nur im Kopf und im Geschlecht, sie lebt im ganzen Menschen vom Haaransatz bis zum Zeh.

Lass die Lust neu auferstehen in deinem Leben. Dass sie dich durchströmt.
Feiere dein Mann sein, feiere dein Frau sein. Genieße es, freu dich und lebe das Leben.
Ich freue mich mit dir.

Übung:

Spüre deiner Lust nach. Wenn du damit Mühe hast, frage oder bitte mich, dir zu helfen.
Ich helfe dir gerne dabei, das „Messer“ aus der Lust zu ziehen.
Freu dich an deiner Lust und lebe sie freudig.

Mut

In allen Menschen ist ein mutiger Kern angelegt. Er wurzelt in der Seele und gleichzeitig in meinem Urgrund des Vertrauens.

Um mutig zu sein, brauchst du die Gewissheit, dass du geborgen und sicher bist.

Ich will dir Mut machen, mit mir in Verbindung zu treten.
Stelle deine Fragen mutig. Lebe dein Leben mutig.

Definiere deine Grenzen neu. Hab Mut zum Fühlen, zum Denken und zum Spüren.

Trete aus dem Erlernten heraus und mache dich auf den Weg zu dir selbst, **zu deinem inneren Mut.**

Wenn du deinen Mut findest, dann lass dich von ihm mitziehen, und auch von mir, in ein farbenfrohes Leben.

Übung:

Stell dir eine Situation vor, in der dich dein Mut verlässt. Mache ganz bewusst einen Schritt auf das Objekt deines fehlenden Mutes zu. Bleibe stehen, spüre hin, wie es sich anfühlt. Dann mache wieder einen Schritt. Steh dabei ganz aufrecht. Werde mit jedem Schritt mutiger. Es kann dir nichts passieren. Ich bin da, Jesus ist da. Du bist nie allein. Wir unterstützen deinen Mut gerne.

Nichts

Du kommst aus dem Nichts und du gehst wieder ins Nichts.

Hab keine Angst vor dem Nichts.

Dieses scheinbare Nichts begleitet dich durch das Leben.

Dieses Nichts hat nichts zu tun mit Minderwertigkeitsgefühlen, mit Verlassenheit oder Ungeliebtsein.
Es hat zu tun mit Leere. In dieser Leere kannst du mich finden, mich erspüren. Es ist die Vorstufe zum Glück.
Versuche nicht, diese Leere mit allem Möglichen und Unmöglichen zu füllen.

Es wird dich eine tiefe Sehnsucht antreiben, dieses Nichts zu ergründen. Im Nichts erlebst du, wie ich die Zeit anhalte und dir einen Blick in mein Herz erlaube.

Übung:

Bist du bereit, dich auf das Nichts einzulassen, es zuzulassen? Nichts zu haben und doch alles. Das ist kein Widerspruch, auch wenn es für deine Ohren seltsam klingen mag.

Dieser Leere kannst du dich in der Meditation, in der Stille, im Gebet nähern.

Sanftmut

Dieses Wort scheint genau so altmodisch zu sein wie Güte und Barmherzigkeit.
Die alten Werte brauchen einen neuen Anstrich. Sie sollen in die Gegenwart geholt werden, wieder „in" werden.

Es ist ein Unglaube, dass du mit Sanftmut nicht weit kommst.
Im Wort steckt bereits der Mut.
Trau dich, die Sanftmut zu leben und aus der Reihe zu tanzen.
Mit ihr beginnt etwas Neues, du wirst staunen.
Sanftmut ist ansteckend.

Schau dir das Leben von Jesus an. Er hat mit seiner Sanftmut den Boden bereitet für eine neue Sicht, neue Zeiten, neues Leben. Es stimmt nicht, dass seine Sanftmut ihn ans Kreuz geschlagen hat. Das war ein Produkt von Gier und Macht.

Sanftmut ist wie eine Welle.
Sie ist ohne Gewalt, ohne Kampf, **aber mit Nachdruck.**
Sie ist wie das Licht von Bethlehem, das sich in alle Welt ausbreitet.

Die Sanftmut berührt die Herzen. Güte, Barmherzigkeit und Liebe scheinen durch dieses Wort.

Es ist ein **kraftvolles Wort, das wie ein Pflug die Erde lockert und vorbereitet für die Saat. Da kann Frieden wachsen.**

Übung:

Sag ja zur Sanftmut und entscheide dich für sie. Lass sie zu, damit sie in dir ans Tageslicht kommen kann.

Für die Sanftmut braucht es Geduld. Übe und lebe sie täglich neu.
Sieh zu, wie sich die Welt verändert.
Was die Sanftmut alles nach sich zieht, wie Wunder geschehen.

Scham

Als es Adam und Eva bewusst wurde, dass sie nackt waren, kam die Scham in das Menschsein.

Ich wollte und will eine Welt ohne Scham!

Die Scham wird durch die Erziehung, durch Trauma, durch das Gewissen, durch mangelnde Würde, durch Angst und durch fehlendes Vertrauen verstärkt und vervielfacht.

Die Scham ist ein Hindernis für dich, für deinen Ausdruck, für deine Lebens- und Liebeskraft. Sie macht dein Leben eng und klein. Du bist in einem „Schamgefängnis". Du lebst in der Vergangenheit und in Schwarz-Weiß.

Die Scham hat sich verselbstständigt und klebt so wie am Glück, an der Liebe und an der Würde fest. Sie gaukelt dir Schutz und Würde vor. Aber dem ist nicht so.

Vielleicht schämst du dich für dein Glück, für deine Talente, für dein Unglück, für die Liebe, ja sogar für dich selbst.

Es tut mir so leid, dass ich nicht die liebevolle Größe hatte, Adam und Eva im Paradies zu lassen, denn dann hätte die Scham keinen Nährboden mehr gehabt und sie wäre verkümmert.

Übung:

Mach dir bewusst, für was du dich schämst. Geh auf die Schatzsuche. Tritt mit deiner Scham in Kontakt. Schau ihr in die Augen.

Schenke deiner Scham **Hoffnung und Vertrauen.** So kann sie die Hüllen fallen lassen und **der Kern** kann sich befreien und heil werden. Reiche diesem Kern die Hand und nimm ihn in den Arm.

Du darfst mir, Jesus, Maria, einem Engel oder einem Erzengel sagen, wenn du Hilfe brauchst, um nach deinem Kern zu schauen, der von der Scham verdeckt wird. Hab keine Scheu davor, um Hilfe zu bitten.
Wir helfen gerne.

Schatten

Der Schatten braucht dir keine Angst zu machen.
Wenn du wüsstest, wer der Schatten ist und weshalb er existiert, hättest du keine Angst mehr davor.

Der Schatten um dich bin ich, dein Gott.

Ich bin dein Schatten und du bist mein Schatten.

Wenn die Sonne scheint, gibt es auch Schatten. Ist keine Sonne da, gibt es auch keinen Schatten.

Im Schatten ist das Licht versteckt. Im Licht ist der Schatten versteckt.

Du kannst nicht ohne Schatten leben. Er gehört zu deinem Leben dazu.
Bejahe den Schatten und laufe nicht vor ihm davon.

Schlüsselerlebnisse

Du kannst ein Schlüsselerlebnis auch als göttliches Aha-Erlebnis bezeichnen.
Da erhaschst du einen Blick in mein göttliches Herz.
Oder ich berühre dich ganz sanft mit meinem Finger, um dir meine Zugewandtheit und Liebe zu zeigen.

Es ist der Moment, in dem du einen Schlüssel bekommst zu einer Türe, hinter der dich eine wichtige Erkenntnis erwartet.
Dies ist ein Geschenk von mir, du kannst es nicht selber konstruieren.
Es birgt in sich den Kern der Erkenntnis.

Oft realisierst du erst im Nachhinein, dass ein Erlebnis dich auf eine neue Spur, auf einen neuen Weg gebracht hat.

Manchmal ahnst du, dass jetzt ein ganz wichtiger Moment in deinem Leben ist. Geh achtsam mit diesem Moment um. Nimm dieses Gefühl ernst und lass es zu.
Nicht jedes dieser Gefühle kommt von mir. Du merkst aber, wenn ein Ereignis nicht nachhaltig ist. Dann fehlt der Schlüssel und du läufst ins Leere oder landest auf dem Abstellgleis.

Verzeihen ist ein Gnaden-Schlüsselerlebnis. Wenn es dir gelingt, dir und jemandem von ganzem Herzen zu verzeihen, kommt ganz viel in Bewegung.

Rat:

Führe eine Schlüsselerlebnis-Liste, damit sie nicht in Vergessenheit geraten.

Du wirst zudem feststellen, dass es einen roten Faden in deinem Leben gibt.

Seele

Die Seele ist ein Stückchen aus meinem großen Herzen.
Auf diesem Stückchen Herz ist dein ureigener rechter Fußabdruck. Das macht deine Seele zu deiner Seele. Das heißt, dass deine Seele in mir wurzelt.
Der linke Fußabdruck ist in meinem Herzen. Du spürst, dass dir etwas fehlt, und du machst dich auf die Suche nach mir, nach deinem fehlenden Fußabdruck.

Erst die Seele haucht allen Lebewesen Leben ein.

Du kannst die Seele weder sehen noch spüren. Sie hat ihren Sitz zwischen Herz und Bauch. Hättest du keine Seele, wärst du ein Roboter.
Jeder Mensch ist auf der Suche nach seiner Seele. Er möchte, dass seine Seele lebendig ist.

Die Seele ist und bleibt ein Geheimnis, da bin ich ganz und gar zu Hause.
Die Seele ist der Ort der Gnade.
Da kannst du **meine Gegenwart am ehesten** wahrnehmen.
Wenn deine Seele berührt wird, dann spürst du das in einer besonderen Weise.
Du erlebst dich als **„ganzen"** Menschen, verbunden mit mir, mit dir selbst, mit einem Menschen oder mit der ganzen Welt.
Da erfährst du eine tiefe Verbundenheit, ein Glücksgefühl.
Das kann durch ein Gespräch geschehen, einen Film, ein Buch, durch eine Berührung, durch einen Kuss, durch Musik, durch das bewusste Erleben der Natur, usw.

Jeder Mensch erlebt diese Seelenöffnung anders. Sie ist so einzigartig wie du selbst.
Du kannst es nicht ausmachen, was wirklich berührt.
Es passiert dir einfach. Du kannst es weder erklären noch benennen.
Es ist und bleibt ein Wunder.

Übung:

Gehe sorgsam mit dir um, versuche offen zu sein und offen zu bleiben. Nimm dir Zeit für dich, für deine Seele. Sie braucht Licht und Liebe.

Versuche dich deiner Seele in der Meditation zu nähern.

Segen

Segnen heißt: „Benedicere", heißt: gut reden von...

Segen soll Leben bringen!

Der Segen ist eine Bekräftigung des Bundes, den ich mit dir geschlossen habe, mein „Ja" für dich.

Eine Welt ohne Segen wäre eine verlorene Welt.

Jeder und jede kann segnen. Bei jedem Segen bin ich gegenwärtig.

Der Segen bringt die göttliche Kraft und allumfassende Liebe. Der Segen hat eine heilende und erlösende Wirkung, er nimmt das Schwere und gibt mein Licht. Mit dem Segen wird das Leben leichter.

Ich nehme mit Freude wahr, dass die Menschen eine neue Segenskultur entdeckt haben.

Da ich ein Gott der Liebe bin, hat mein Segen nur Gutes im Sinn: ich segne keine Waffen und keine Menschen, die in den Krieg ziehen.

Übung:

Gib dir den Segen, gib den Segen deiner Familie, deinen Mitmenschen, deiner Arbeitsstelle.

Segne, segne, segne!

Sehnsucht

Die Sehnsucht ist ein verstärkter Wunsch.

Ich wollte weder eine Sehnsucht noch eine unstillbare Sehnsucht.

Mit der Vertreibung aus dem Paradies kam die Sehnsucht mit all ihren Facetten in das Leben der Menschen. Die Sehnsucht nach dem vollkommenen, paradiesischen Urzustand.

Als Baby sehntest du dich nach Wärme, nach der Mutter, nach dem Vater, nach dem Ort, wo du hergekommen bist.
Heute sehnst du dich vielleicht nach einem Kind, nach Glück, nach Zufriedenheit. Du sehnst dich nach Vollkommenheit, nach einem Menschen, der dich bedingungslos liebt, nach materiellen Dingen, nach mir.
Manche dieser Sehnsüchte sind stillbar, aber nicht alle.

Auch wenn es dir nicht bewusst ist, sehnst du dich nach deinem zweiten Flügel, nach deinem linken Fußabdruck in meinem Herz. Dies ist die unstillbare Sehnsucht.
Ich möchte nicht, dass du an der unstillbaren Sehnsucht zerbrichst.

Unendlich gerne würde ich dich auf deinem Pilgerweg in mein Herz begleiten, um diese Sehnsucht aufzuheben.

Trotzdem gibt die Sehnsucht nach mir deinem Leben Sinn und Motivation. Sie bringt dich in Bewegung, sie ist eine Kraft. Diese Sehnsucht soll dich befreien vom ewigen Suchen und Finden.

Wie gerne möchte ich dir in deiner Sehnsucht begegnen, möchte dich umarmen und berühren.
Ich möchte dich in deiner Sehnsucht **wiederfinden.**
Sie ist ein Band, mit dem ich mit dir in Verbindung bin.

Übung:

Lasse es zu, dass du von Sehnsucht nach mir angetrieben wirst.
Mache das Ziel deiner Sehnsucht aus und lasse dich ziehen.

Sicherheit

Ohne Sicherheit können wir nicht vertrauensvoll leben. Wir suchen und brauchen sie.

Die äußeren Sicherheiten sind Wohnung, Arbeit, Geld, Eltern, Freunde, Menschen, die uns lieben. Die äußere Sicherheit ist eine Scheinsicherheit. Sie trägt uns nicht und es wächst nichts Neues daraus. Wird an der äußeren Sicherheit gekratzt, stürzt das Lebenshaus rasch zusammen.

Ich möchte dir meine Sicherheit geben. Dass du dich geliebt und geborgen weißt. Ich bin da und du bist nie alleine. Das ist die innere Sicherheit. Diese innere Sicherheit erlangst du nicht durch äußere Sicherheiten.

Meine Sicherheit gibt dir Gelassenheit. Sie ist der Boden für Vertrauen, Geborgenheit, Glauben und Liebe. Das eine wächst aus dem anderen, Schicht um Schicht.

Die innere Sicherheit ist allen Menschen geschenkt.
Sie ist wie das Glück nur kurz zu spüren. Du fühlst dich wohl und geborgen.
Aber der kurze Moment trägt dich lange, richtet dich auf.

Übung:

Sei dir bewusst, dass ich überall bin, dass ich auch um dich herum bin. Stell dich aufrecht in einen Raum, die Beine etwas auseinander, so, dass du gut und stabil stehst. Stell dir vor, die Füße gehen wie Wurzeln in die Erde. Lass sie wachsen, sich verankern. Jetzt bist du fest verwurzelt. Breite jetzt deine Arme aus wie die Krone eines Baumes, groß und mächtig. Lass sie in den Himmel wachsen. Spüre den Wurzeln in der Erde und im Himmel nach. So wie du jetzt stehst, sind Himmel und Erde miteinander verbunden. Dies ist der Standpunkt der Sicherheit, von unten getragen, von oben gehalten. Jetzt bist du mit meinem Vertrauen, meiner Liebe und meinem Glauben verbunden.

Taufe

Jedes Baby bekommt meinen Segen bei der Geburt.

Wenn ein Baby, ein Kind oder ein erwachsener Mensch getauft wird, bin ich ganz und gar da.
Ich berühre das Menschlein, den Menschen.
Ich salbe den Menschen und schließe **einen Bund** mit ihm, gebe ihm meinen Segen und meinen Schutz.
Das Taufritual ist ganz in meinem Sinne. Ich liebe es von ganzem Herzen.
Wenn ich den Menschen salbe, ihm den Segen gebe, ist immer eine „bedeutsame" Stille, auch wenn das Menschlein schreit.

Wird ein Baby getauft, **komme ich** zu dem Kindlein. Es macht keinen Schritt ohne meinen Schutz und Segen.

Lässt sich ein erwachsener Mensch taufen, entscheidet sich **der Mensch** für mich, **da kommt er zu mir.**

Die Taufe ist ein Fest der Freude. Es ist eine Freude für mich, mich bei der Taufe mit dem Baby oder dem erwachsenen Menschen zu verbinden.
Ich wünsche mir, dass du nicht vergisst, dass du einen Bund mit mir und ich einen Bund mit dir habe.

Übung:

Erneuere und bekräftige meinen Bund immer wieder aufs Neue.

Treue

Treu sein heißt, sich auf das Wesentliche zu konzentrieren und sich nicht ablenken zu lassen.

Dass du bei einer Sache bleibst und dich mit ganzem Herzen, Seele und Verstand dafür einsetzt.
Dass du ganz bei einer Person bist und dich zu ihr bekennst.
Dass du ganz bei dir bist und bleibst und dich bejahst.

Treu sein bedeutet, manchmal auch „nein“ sagen zu können.

Ich wünsche mir, dass du mir treu bist.
Dass du zu mir stehst so wie ich zu dir stehe.
Es ist nicht gut für dich, wenn du mehrere Götter hast. Du kannst dich nur auf einen ausrichten.
Lass die ganze Liebe dahin fließen.

Übung:

Dein „ja“ sei ein „ja“. Dein „nein“ sei ein „nein“.

Sag „ja“ zu dir, ein ganzes „ja“. Mit allem, was dich ausmacht, ohne wenn und aber.

Halte inne und spüre der Treue zu mir nach.

Vergeben

Ich wollte keine Welt, die Vergebung braucht für sich selbst, für jemanden oder für etwas.

Wie es das Wort ver**geben** bereits sagt, gibst du etwas her.
Du kannst alle negative Gedanken, Gefühle, Schweres und Belastendes abgeben, mir überlassen.
Wenn du glaubst, dass du von mir Vergebung brauchst, dann frage mich doch, ob ich dir vergeben habe und du wirst von der Antwort überrascht sein.

Vergebung fängt in dir selbst an, nicht im Außen.
Ich lasse dich nicht alleine mit dieser schweren Arbeit.

Unter dieser Vergebung ist oft ein verletztes, alleingelassenes Kind.
Vergebung, so wie ich sie meine, möchte dir einen neuen Standpunkt und eine neue Ausrichtung geben.
Damit der schmerzende, verlorene Teil in dir sich „durch ein Wunder neu geliebt weiß“ und meine dreidimensionale Liebe in dir fließen kann.
Die Vergebung wird so zu einer Chance, **genau da,** zu erleben und zu spüren, dass da eine Quelle entspringt durch die meine barmherzige Liebe zu dir und über dich hinaus fließt.

Vergebung ist ein Geschenk von mir an dich. Nimm es an, zögere nicht.

Ohne Vergebung blockierst du deinen Weg. Du bist nicht frei, du bleibst gefangen in deinen Verstrickungen.

Vergebung ist eine große Herausforderung. Manchmal gelingt dies erst am Lebensende in den letzten Stunden des Lebens. Weshalb solltest du etwas so Belastendes ein Leben lang mit dir herum schleppen?

Ich selbst musste meinen geliebten Sohn loslassen. Auch wenn es mich heute noch schmerzt, habe ich den Menschen vergeben und mir selbst.

„Und vergib uns unsere Schuld, wie auch wir vergeben unsern Schuldigern." So betest du im „Vater unser". Oft fällt es leichter, andern zu vergeben als sich selbst. Aber es ist beides wichtig **und notwendig.** Nur wenn du dir selbst **und** dem andern verzeihen kannst, wird das Ereignis aus dir/euch gelöscht.
Es gibt aber auch Erlebnisse, die ein ganzes Leben benötigen, um sie zu verzeihen.

Übung:

Schau, meine Hand ist da. Lege alles, was in dir brennt und lodert, alles, was in dir schmerzt, alles, was an dir nagt, was an dir zerrt, was dich zermürbt, leg es in meine Hand. Ich bin da! Ich bin mit dir! Ich helfe dir gerne zu vergeben, zu verzeihen!

Reich dir selbst die Hand zur Vergebung

Verstehen und Erkennen

Ich bin die Erkenntnis.
Erkennen und Verstehen ist miteinander verbunden. Erkenntnis ist ein „Aha-Erlebnis".
Du möchtest gerne erkennen, wer du bist, woher du kommst, wohin du gehst. Dir liegt viel daran, die Zusammenhänge zu verstehen.
Du strebst nach immer mehr Erkenntnis, weil du meinst, dann etwas Besonderes zu sein. Weil du hoffst, dass dadurch dein Leben leichter wird und du Fülle hast.
Vielleicht wärst du auch gerne erleuchtet, würdest gerne mit mir auf einer Stufe stehen.

Neben mir sind Jesus und Maria.
Wir stehen **hinter** dir.

Adam und Eva haben von der Frucht der Erkenntnis im Garten Eden gegessen.
Nach dieser Grenzüberschreitung waren sie ganz verwirrt.
Sie konnten das Erkannte nicht fassen, nicht verarbeiten, nicht umsetzen. Sie sahen sich als Mann und Frau gegenüber.
Mit der Vertreibung aus dem Paradies habe ich der Menschheit bewusst eine Grenze der Erkenntnis gegeben. Nicht etwa aus mangelndem Zutrauen, sondern als Schutz.
Die zurückgehaltene Erkenntnis ist dafür verantwortlich, dass dein Leben Risse hat und ein Auf und Ab ist.

Für dich ist es unvorstellbar, dass du ein Staubkorn und gleichzeitig für mich so wertvoll und wichtig bist.
Die Liebe ist aus einem Staubkorn gewachsen. Diese Er-

kenntnis übersteigt deinen Horizont. Du kannst nicht verstehen, warum ich dich liebe. Wenn du das erkennen und begreifen könntest, würden sich dir neue Türen in deinem Inneren und im Außen öffnen.

Die wahre Erkenntnis ist es, zu verstehen, dass ich in allem bin und du in allem bist.
Meine Liebe ist in allem und du bist in meiner Liebe.
Dass du mich so liebst wie ich dich liebe.
So bist du mir ein Gegenüber wie ich dir ein Gegenüber bin.

Übung:

Verstehe und erkenne, du bist meine Tochter, du bist mein Sohn.

Sag „ja“ zu dir, sag „ja“ zu deinem Spiegelbild!

Vertrauen

Das Urvertrauen kommt aus der Seele, es kommt von mir.
Alle Menschen werden damit geboren. Es ist die Aufgabe der Eltern, dieses Urvertrauen zu stärken.

Jeder Mensch hat bei seiner Geburt den gleichen Ausgangspunkt. Alle haben das gleiche Maß an Urvertrauen mit ins Leben bekommen.

Das Urvertrauen ist sehr sensibel, filigran, sehr verletzlich und zerbrechlich. Es liegt offen da. Darum muss es geschützt und gepflegt werden. Offene Arme sind nötig, die das Kind bergen, viel Liebe, Respekt und gütige Hände.

Ich weiß, dass es schwer ist, sich in meine Hände zu geben. loszulassen und zu vertrauen. Ich weiß, dass dein Vertrauen sich immer wieder, jeden Tag aufs Neue befreien muss von Zweifeln, von Unsicherheit, von Angst und von Besserwisserei. All das sehe ich und glaube mir, genau deswegen habe ich dir das Urvertrauen geschenkt. Denn Liebe und Vertrauen kann man nicht machen. Versuche es in Demut anzunehmen und sei dankbar.

Entfernst du dich vom Urvertrauen, so braucht es eine Hand, die dich führt – Ich halte dir meine Hand hin. Sieh, meine Hand ist da, sie gibt dir all das, was du brauchst und noch viel mehr.
Vertraue mir! Vertraue dir selbst und deinem Weg.

Übung:

Öffne deine geschlossenen Hände ganz langsam und bedächtig und sei dir bewusst, wie sich dein Vertrauen öffnet, wie eine Knospe, die blühen will.

Visionen

Schon vor der Erschaffung der Welt hatte ich eine Vision, ein inneres, auf die Zukunft bezogenes Bild vor meinen Augen. Obschon bei weitem nicht alles so gelaufen ist, wie ich das wollte, habe ich an meiner Vision festgehalten:

Dass auf der Erde Frieden ist.
Dass jeder seinem Nächsten die Hand reicht, dass jeder den Nächsten so liebt wie sich selbst.
Dass ich der Mittelpunkt im Leben aller Menschen bin.
Dass jeder Mensch sich ganz und gar bewusst ist, dass er mein Kind ist, dass er von mir „beseelt" ist.
Dass mein Funke in allen Menschen brennen möge! Er glüht, doch ich habe die Vision, dass er zu einer hellen Flamme der Liebe wird.

Trau dir zu, deine ureigenen Visionen zu haben und sie zu leben. Sie sind in dir angelegt, sie warten darauf, entdeckt zu werden, ans Licht zu kommen. Lass dich nicht abschrecken von der Realität.
Beginne mit einer kleinen Vision und freue dich an deren Erfüllung.
Hole dir Hilfe und Unterstützung, wenn du sie brauchst um eine Vision zu leben.

Du trägst mein Angesicht nach außen. Wenn du dich im Spiegel anschaust, siehst du mich. Ich bin wie auf deine Haut tätowiert. Ich bin da. Du bist meine Lichtspur für diese Welt.

Ich will, dass du dich auf die Liebe und den Frieden besinnst.

Ich möchte keine Grenzen, keine Opfer. Ich möchte Akzeptanz!

Übung:

Mach dir bewusst, dass du ein Teil meiner Visionen bist. Ohne dich kann Frieden nicht gelingen. Hab Frieden mit dir und mit der ganzen Welt.
Übe dich darin, ein Friedenswerkzeug zu sein.

Vorstellungen

In der Bibel steht, dass du dir kein Bild von mir machen sollst. **Jedes Bild, jede Vorstellung ist nur ein kleiner Bruchteil von mir. Ich bin immer ganz anders.**

Mit deiner Vorstellung verstellst du dir den Weg zu mir.
Du hast eine Wunschvorstellung.
Auf sie wartest du ein Leben lang. Dieses Warten bringt dich keinen Schritt näher zu mir.

Du möchtest mich zum Beispiel gerne hören.
Meine Stimme zu hören ist Gnade.
Du kannst nichts dazu beitragen, dass du mich hörst.

Meine „leise Stimme" zu hören ist leichter, es ist deine Intuition. Sie ist meine Stimme in dir, aber auch deine eigene Stimme. Traue dieser deiner inneren Stimme. Traue dir und traue mir.

Meine „klare, reine Stimme" ist außerhalb von den Menschen. Sie ist unvermischt.
Sie zu hören ist eine Gnade.
Ich entscheide, wann der richtige Augenblick dafür ist, denn damit ist ein Auftrag verbunden.
Es ist ein Geschenk für mich, wenn ein Mensch mich ernst nimmt und mir sein Leben übergibt und mein göttliches Werkzeug wird.
Lass den Druck los, meine reine Stimme hören zu wollen.
Es ist wichtiger, dass du dich annimmst, wie meine Stimme zu hören.
Lass diese Vorstellung los.

Vielleicht sehnst du dich auch danach, mich zu erfahren.

Du hast eine klare Vorstellung, wie sich dies anfühlen soll.
Lass diese deine Vorstellung los.
Ich bin immer der ganz Andere.

Du glaubst zu wissen, wie es sich anfühlen soll, wenn du dich gut fühlst, z.B. wenn du auf einem Berg stehst, beim Sport oder beim Singen, dann spürst du Zufriedenheit und Glück.
Das sind Gefühle, aber sich „ganz fühlen", das ist eine andere Dimension.
Mit eineinhalb Jahren hast du dich „ganz" gespürt und du wirst dich beim Sterben wieder „ganz" spüren. In beiden Momenten spürst du eine Einheit mit mir, die Unendlichkeit und den Samen der Liebe.

Übung:

Stelle um dich herum alles Mögliche auf, damit es für dich erlebbar wird, dass du eingeengt bist. So verstellen dir deine Vorstellungen dein Leben, deine Sicht auf das Leben. Indem du Stück um Stück wegräumst, befreist du dich von diesen einengenden Vorstellungen.

Weisheit

Weise ist, wer ein hörendes Herz und einen wachen Geist hat. Weise ist, wer Verstand und Herz paart. Beides ist gleich wichtig, keines ist größer. Die Frucht aus diesem Paar sind Hoffnung, Mut und Gelassenheit.

Die wahre Weisheit kommt von innen. Sie schaut nicht nach ihrem Vorteil, sondern hat **das Gute** im Auge.

Der Weise kann meine Liebe in allem sehen, kann mich wahrnehmen und hören.
Er ist fähig, wahrhaftig zu lieben.

Die Weisheit ist unscheinbar und sanft. Sie lässt uns das Leben und die Zusammenhänge aus einer anderen Perspektive sehen.
Sie ist ein Wegweiser, eine Geburtshelferin.
Weisheit ist ein göttliches Geschenk. Aus ihr darf „handelnde" Weisheit entstehen.

Übung:

Einmal mehr lade ich dich ein, stille zu werden, deinem Atem zu folgen. Nichts ist wichtig, nur dein Ein- und Ausatmen.

Öffne dich für das Geschenk der Weisheit.
Geh sorgsam damit um. Es ist zerbrechlich.

Wiedergeburt

Ich will kein Karma mehr reinwaschen. Es gibt keine Wiedergeburt mehr!

Seit 2010 kommen die Kinder zur Welt, ohne vorher schon ein Leben gelebt zu haben.
Es hat eine neue Zeitrechnung begonnen. Diese Menschen kommen „lichtweiß“ zur Welt.
Sie leben ihr jetziges Leben, es ist das einzige Leben. Diese Menschen leben direkt und sterben direkt. Sie kommen ohne Vorgeschichte zur Welt. Sie haben kein Karma.

Die heutigen Kinder bringen zwei Flügel mit. Auch haben sie beide Fußabdrücke in sich. **Sie sind innig mit mir verbunden und erlöst vom ewigen Suchen.**

Die Menschen, die früher geboren wurden, kamen mit einem Flügel zur Welt. Die „Einflügler“ sind auf der Suche nach ihrem zweiten Flügel. **Der zweite Flügel ist bei mir, nicht bei einem Menschen.**
Die früheren Leben wirken in euch nach, sie sind wie ein Schatten.
Es ist auch für die „Einflügler“ definitiv, es gibt keine Wiedergeburt mehr.

Jetzt gilt es, nach innen zu schauen, sich auf mich zu besinnen und das Leben neu auszurichten. Dies mit meiner Kraft der Vergebung und mit meinem **Segen.**

PS. Zu Fußabdrücke: siehe Seele und Sehnsucht
Zu „Zweiflügler“: siehe Sehnsucht

Wunder

Wunder sind Küsse auf die Seele.

Ein Wunder ist ein Geschenk, eine Gnade. Ein Wunder hinterlässt eine Lichtspur von mir.

Von meinem Herzen geht ein Strahl zu den Menschen. Wenn dieser Strahl kommt, dann wird der Boden bereitet für das Wunder. Berührt dich dieser Strahl, geschieht ein Wunder.
Egal, was du tust oder wo du bist.

Ich schenke euch Wunder, damit ihr mich nicht vergesst.
Mir macht es große Freude, dich zum Wundern zu bringen.
Jeder Mensch hat schon einmal ein Wunder erlebt. Auch wenn das Wunder noch so klein war und vielleicht erst im Nachhinein als Wunder erkennbar war.

Du darfst ohne Scheu deine Wünsche an mich richten. Ich habe es sehr gerne, wenn du mit mir redest.
Nicht jeder Wunsch wird erfüllt. Denke nicht, dass ich dich dann nicht höre oder nicht liebe. Wunder sind nicht alltäglich.

Ich mache nur „weise" Wunder, Wunder, die Gutes bewirken. Ich schaue weit voraus und sehe, ob der Wunsch weise ist und im Endeffekt etwas Gutes bewirkt.

Übung:

Setz dich auf ein Meditationskissen. Der Rücken ist gestreckt, die Hände geöffnet, die Handflächen nach oben. Die Hände ruhen auf den Oberschenkeln. Dies ist die Geste für das Empfangen. Du bist nun auf Empfang und bereit für Wunder.

Würde

Jedes Lebewesen, alle Pflanzen und alle Dinge habe ich mit Würde ausgestattet.

Würde und Respekt gehören zusammen, sie gehen Hand in Hand. Auch ich begegne dir mit Respekt und Würde. Ein Zeichen dafür ist dein freier Wille.

Würde richtet dich auf, sie lässt dich aufrecht gehen. Sie ist der Kern der Aufrichtigkeit.

Würde ist das Anführungs- und Schlusszeichen zwischen denen der „Mensch“ steht. Das sind Merkmale, die ich mit meinen Daumen setze. Du bist eingebettet in Würde – von Anfang bis zum Ende deines Lebens. Vom ersten bis zum letzten Atemzug.
Würde ist in jeder Zelle, im ganzen Körper enthalten. Sie ist **immer** da.

Um andern respektvoll zu begegnen, musst du dich selbst ganz bewusst lieben.
Die Würde in uns ist die Selbstliebe, die uns das Bewusstsein gibt, dass wir wertvolle Wesen sind.
Wem dieses Bewusstsein fehlt, darf darauf zählen, dass ich ihn oder sie trotzdem liebe. Meine Liebe bewirkt die Würde auch in diesen Menschen.

Die Würde ist ein Garant für den Frieden.
Ohne Würde gibt es keinen Frieden – und ohne Frieden keine Würde.
Wenn wir dem Frieden eine Chance geben wollen, müssen wir unseren Mitmenschen respektvoll und achtsam behandeln.

Die Würde ist mir ein großes Anliegen.
Trete sie nicht mit Füssen.
Du darfst sie jederzeit einfordern.
Du brauchst nicht um deine Würde zu kämpfen.
Du darfst sie selbstverständlich erwarten.

Einer Person würdevoll begegnen und sie respektvoll behandeln heißt, in ihr Gott sehen.

Das Gespür für Würde und Respekt bleibt in uns erhalten bis zum Tod.

Übung:

Steh mit hängendem Kopf und hängenden Armen da.
Dann richte dich langsam auf.
Sei dir gewiss, ich möchte dich aufgerichtet. Werde dir bewusst, dass du geachtet und geliebt bist von mir.
Wiederhole diese Übung, bis du in dir eine Veränderung spürst.

Atme ein und aus. Bleibe in Gedanken bei diesen Ein- und Ausatmen. Nun mach dir bewusst, dass überall Würde ist. Trete in Gedanken jedem und allem respektvoll gegenüber.

P.S.:
Alle Menschen haben das Recht, respektvoll behandelt zu werden.
Wir dürfen aufgrund unserer von Gott geschenkten Würde erwarten, dass uns immer und überall und in jeder Situation Respekt entgegengebracht wird. Auch dann, wenn wir scheinbar nicht mehr realisieren können, was um uns herum passiert.

Nachwort

Liebe Leserin, lieber Leser,

◊ wenn Ihnen das Buch gefallen hat,
◊ wenn es Sie auf Ihrem Weg vorwärts gebracht hat,
◊ wenn Ihre Fragen eine Antwort fanden,
◊ wenn ein belastendes Thema „leichter“ wurde,
◊ wenn Ihre Ängste zu Visionen wurden,
◊ wenn sich Ihre Hoffnungslosigkeit in Zuversicht verwandelt hat,
◊ wenn sich Ihre Traurigkeit in Freude verwandelt hat,
◊ wenn nur einer dieser Gründe zutrifft,

dann freue ich mich sehr mit Ihnen,
dann hat sich die Arbeit gelohnt,
dann schenken oder empfehlen Sie dieses Buch weiter. So können auch Sie zu einem Werkzeug Gottes werden.

Letzte Seite des Buches

Mein lieber Leser, meine liebe Leserin,

Ich danke dir, dass du den Weg in diesem Buch mit mir gegangen bist.

Ich danke dir, dass du mich begleitet und mir zugehört hast und dich überraschen ließest, Seite um Seite.

Danke

Über die Autorinnen

Angelika Hauser, 1963 geboren, lebt in Grenzach (nähe Lörrach). Seit 2007 gibt sie die Botschaften Gottes an ratsuchende Menschen weiter.
Das ist das erste Buch von ihr, in dem Gott zu den Menschen spricht.
www.angelikahauser.org

Beatrix Mögerle-Studer, 1956 in der Schweiz geboren, lebt seit über 30 Jahren in Grenzach.
Es war ihr ein Vergnügen, das vielseitige Manuskript in die Buchform zu bringen.
Sie arbeitet als Pflegefachfrau in einem Wohnheim für chronisch Kranke. Freiberuflich begleitet sie Menschen mit einer Behinderung auf ihren Reisen.
www.trolli-ferien.de